의학박사
한상석 교수의
얼굴 특강

의학박사 한상석 교수의
얼굴 특강

초판 1쇄 발행 2018년 8월 25일
초판 2쇄 발행 2018년 8월 30일

지은이 한상석
발행인 송현옥
편집인 옥기종
펴낸곳 도서출판 더블:엔
출판등록 2011년 3월 16일 제2011-000014호

주소 서울시 강서구 마곡서1로 132, 301-901
전화 070_4306_9802
팩스 0505_137_7474
이메일 double_en@naver.com

ISBN 978-89-98294-45-8 (03190) 종이책
ISBN 978-89-98294-46-5 (05190) 전자책

의학박사
한상석 교수의
얼굴 특강

한상석 지음

더블:엔

필자소개

한상석 (白鏡 韓商錫)

인제대학교 의과대학 부산백병원 영상의학과 교수, 의학박사.

1953년 부산에서 태어나 성장하고, 교육받고, 수련받고, 교수가 되어 지금껏 부산에 살고 있다. 첫 돌을 맞아 아장아장 걸음마를 시작하며 온 가족의 사랑을 독차지하던 때 심한 소아마비에 걸려 사경을 헤매다가 기적적으로 살아났다. 사지가 마비되어 앉지도 서지도 못하다가 두 번에 걸친 정형외과 수술과 재활의학의 도움으로 보조기를 착용한 채 혼자 걸을 수 있게 되었다. 그렇게 되기까지 주변 사람들로부터 받은 많은 도움과 사랑과 현대의학의 혜택에 보답하기 위해 어려서부터 의사가 되기로 결심했다.

1979년 부산의대를 졸업하고 동 대학병원에서 방사선과 전공의 수련을 마치던 1983년 2월에 진단방사선과 전문의(현 영상의학과), 치료방사선과 전문의(현 방사선종양학과) 및 방사성동

위원소 취급자특수면허(현 핵의학과)를, 1993년에는 인제대학교에서 박사학위를 취득하였다.

1983년 3월 첫 직장으로 부산백병원에 입사하여 현재까지 35년간 교수로 근무해오면서 영상의학 분야 중에서도 '초음파학' 한 길만 외곬으로 걸어왔다. 의학자(醫學者)로서의 많은 성취와 더불어 환자의 아픔을 함께하는 의사가 되기 위해서는 의학뿐 아니라 훌륭한 인문학적 소양을 겸비해야 한다는 생각으로 틈틈이 다방면의 공부를 해오다 2012년에는 인제대학교 의예과 1학년 전공 선택 과목 중 하나로 '한국인의 정체성과 매너'란 인문학 강좌를 개설하기도 하였다.

이제 교수직 은퇴를 앞두고 20여 년 전부터 품어온 사람의 얼굴에 대한 의문을 《얼굴 특강》이라는 한 권의 책으로 마무리함과 동시에, 앞으로 전개될 제2의 인생은 작가 및 인문학자라는 미지의 길로 걸어가고자 한다.

이메일: hansono@hanmail.net
블로그: http://blog.daum.net/hansono
페이스북: https://www.facebook.com/profile.php?id=10001
            4821810783

의사선생님의 책을 한번 만들어보고 싶었습니다. 의학이나 의료에 관한 전문분야가 아닌, 의사가 살아가는 이야기, 진료현장에서 일어나는 생생한 삶의 현장 들을 엿보고 싶었습니다. 보통 사람들이 의사를 만나게 되는 일은 아파서 병원에 가는 경우 말고는 드무니까요. 몸과 마음이 아프지 않은 상태에서, 덜 아프고 건강하게 살아갈 수 있는 철학을 글 잘쓰는 의사선생님으로부터 배우고 싶었습니다. 그때 한상석 교수님을 만났습니다.

영상의학계의 권위자이신 교수님은 우리가 별로 궁금해하지 않고도 잘 살아가고 있는, '얼굴'의 구조와 위치에 관해 철학적이며 과학적인 연구를 해오셨는데, 그 풀이과정이 무척 재미있었습니다. 글만 잘 쓰시는 게 아니라 말씀도 잘하셔서 학교 및 기업체 추천 강의도 아주 인기가 많으셨구요. 우리의 얼굴에 왜 눈이 두 개이고 귀가 두 개이며 입은 하나인지를 특유의 유쾌한 화법으로 설명하시는데, 듣다 보면 나도 모르게 '어떻게 살아가야 할지' 삶에 대해 사색도 하게 되고 이런저런 의학적 · 과학적 지식도 쌓이게 됩니다.

이 책은 그렇게 탄생했습니다. 교수님이 가장 하고 싶어 하시는 말씀을 모아 가독성 있게 엮었습니다. 의대생들, 새내기 의사선생님들, 그리고 건강하게 나이 들어가고 싶어 하는 평범한 많은 사람들에게 교수님의 철학과 메시지가 두루 전해지면 좋겠습니다. 아프지 않고 잘 살아가기 위해 우리가 지금 해야 할 일은 무엇인지, 우리 몸과 인생의 오묘한 진리를 우리의 '얼굴'에서 다시 한 번 깨달으며, 행복한 삶을 꾸려나가는 데 이 책이 좋은 양식이 될 수 있기를 바랍니다.

교수님의 다음 강연과 다음 책이 기대됩니다.

사람 얼굴이 지니는 의학적 모순에 대한 답을 찾아서

필자의 의사생활 40년 동안 35년간은 의과대학 교수로서 의학을 연구하고 가르쳐왔는데 인체에 대해 공부를 하면 할수록 그 신비로움에 감탄을 금할 수 없다. '인체방어기전' 하나만 하더라도 의사란 직업이 필요 없을 정도로 완벽하게 만들어졌고, 우리 몸에는 아무리 쓸모없어 보이는 것도 이유 없이 쓸데없이 만들어진 것이 하나도 없기 때문이다.

예를 한 가지만 들어보자. 우리 입으로 들어오는 음식물은 식도, 위장, 소장, 대장과 같은 소화관을 통과하면서 소화, 흡수, 배출이 된다. 그 과정에서 위에 나열한 장기들은 각각 인체를 위해 중요한 역할을 한다. 하지만 대장의 시작부에 끈처럼 매달려 있는 맹장(충수돌기)은 위의 과정에 아무런 기여도 하지 않는다. 그러면서 걸핏하면 염증을 일으켜서 사람의 생명까지 위협한다.

이런 이유로 과거에는 의사들이 다른 질환으로 배를 열고 들어가 수술을 할 때 맹장에 아무 이상이 없어도 예방적 내지는 서비스 차원에서 그냥 제거해주었다. 이에 저자는 이런 쓸모없는 장기의 존재 이유에 대해 '이건 아마도 하나님이 자비를 베푸사, 외과 의사들 밥 먹고 살라고 달아준 것 아니겠나?' 정도로 생각했다.

하지만 이러한 저자의 장난스러운 생각을 비웃기라도 하듯 근자에 충수돌기의 역할들이 다음과 같이 하나둘 밝혀지기 시작했다.

첫째, 임신 11주쯤 되면 이 돌기 내에 내분비 세포가 생겨 여러 가지 아미노산 및 호르몬 같은 것을 만들어 태아의 생체 밸런스(homeostasis)를 맞추는데 도움을 준다.

둘째, 아기가 태어나면 이 돌기 속에 임파조직이 생기기 시작하여 미약하나마 면역기능에 관여한다.

셋째, 대장내시경 전처치(前處置)로 장을 씻어내거나 심한 설사를 하면 장내세균이 다 떠내려가게 되는데 이때 유산균 같은 장내 유익균들의 대피소(shelter) 역할을 한다.

넷째, 병이나 외상으로 요관(尿管, 콩팥에서 소변이 내려오는 길) 일부나 방광을 제거해야 할 경우 잘려나간 요관을 대체하고 방광 괄약근을 재건하는데 유용하게 사용될 수 있다.

참으로 놀라운 일이 아닌가? 지금껏 인간의 눈으로 볼 때 아무 쓸모없다고 여겨졌던 충수돌기마저도 이렇게 당당한 존재의 이유를 가진다는 것이.

이와 같이 인체는 완벽하게 만들어졌는데 사람 얼굴만 쳐다보면 그렇게 전지전능한 조물주께서 얼굴은 왜 이렇게 비효율적으로 만들어놓았는지 통 이해가 가지 않았다.

나는 직업이 영상(映像)의학과, 그 중에서도 복부(腹部)를 전공해온 사람이라 매일 남의 속을 들여다보며 살아온 사람이다. 내가 보는 배 안에는 온갖 장기가 다 들어 있다. 그에 반해 사람의 외관은 아주 간단하게 생겼다. 드넓은 가슴과 배, 등, 팔다리에 달린 것이라곤 콩알이나 건포도만한 젖꼭지 두 개에 장난감 물총처럼 생긴 남자 성기뿐이다. 그런데 얼굴을 보면 참으로 묘하게도 생겼다. 그 좁은 평수에 무얼 그리 오밀조밀 복잡하게 붙여놓았는지! 또한 의사의 눈으로 기능적인 측면에서 바라볼 때 불합리한 점이 한두 가지가 아니다.

우선 눈을 보자.

눈이 하는 역할이 몇 가지나 되나? 보는 것 하나뿐이다. 세상의 모든 카메라에 렌즈가 하나뿐이듯 눈은 하나만 있어도 상은 얼마든지 맺힌다. 그런데 왜 눈이 두 개나 필요할까? 게다가 상(像) 하나 맺고 인식하는데 뭐가 그리 복잡한 과정을 거치는지. 그 과정 중 어느 한 곳만 이상해도, 두 눈 중 어느 한 쪽만 이상해도 멀쩡한 것까지 잘 안 보인다. 차라리 눈이 하나면 말 그대로 일목요연(一目瞭然)하게 볼 텐데 말이다.

코는 어떤가?

코가 하는 일은 '냄새 맡고' '숨 쉬고' 두 가지를 한다. 그런데 왜 코는 하나인가? 하지만 콧구멍이 두 개니 그냥 넘어가자.

귀가 하는 일이 무언가?

'듣는 것' 하나밖에 없다. 그런데 왜 두 개나 만들었을까?

이야기가 이쯤 나오면 꼭 반론을 제기하는 사람들이 있다.

"사물을 입체적으로 보려면 눈이 두 개 있어야 하고 음을 스테레오로 들으려면 귀가 두 개 있어야지요!"

필자가 답한다.

"전능하신 조물주께서 마음만 먹으면 눈 하나에, 귀 하나에 그 정도 기능 못 넣을까? 요즘 판매되는 블루투스 스피커, 몸체 하나라도 스테레오만 잘 나오던데?"

또다시 반론을 제기한다.

"몸이 백 냥이면 눈이 구십 냥이란 말이 있듯이 눈이 그만큼 소중하니까 두 개 만들었겠지요!"

필자가 답한다.

"눈 없다고 죽나? 안 죽는다. 다만 보지 못할 뿐이다. 심장이 멎으면 사나? 못 산다. 뇌가 정지하면? 뇌사(腦死), 즉 완벽한 사망이다. 눈이 중요해서 여분으로 하나 더 만들었다면 차라리 심장을 하나 더 여분으로 만들어 심장 박동이 멎는 순간 비상 발전기 돌리듯 돌리고, 컴퓨터 하드 디스크를 C, D 드라이브로 파티션 나누듯 뇌도 백업용 하나 더 만들어 매일매일 기억을 저장해놓으면 기억상실증이나 치매 걱정할 필요 뭐 있겠노?"

마지막으로 입에 대해 논해보자.

눈과 귀는 그래도 약과다. 입은 참말로 황당하다. 입은 어떤 역할을 하나? 먹고, 말하고, 키스하고. 사람이 생존하고 사람답게 살아가는데 없어서는 안 될 가장 중요한 일을 세 가지나 한다. 그런데 입은 또 하나다. 입이 하나이기 때문에 불편한 게 어디 한두 가진가?

그래서 내가 조물주라면 얼굴을 만들 때 이렇게 만들 게 아니라 눈 하나, 코 하나, 귀 하나, 입 셋을 만들겠다. 입의 경우 하나는 말만 하고, 하나는 먹기만 하고, 하나는 키스만 하게 만드는데 키스용 입에는 항상 향기로운 침이 샘솟게 하여 양치질과 상관없이 언제든지 감미로운 입맞춤을 할 수 있도록.

하지만 곧이어 또 다른 의문이 피어오른다. 조물주께서 나만큼 머리가 안 돌아가서 그렇게 만들었을까? 이야말로 지나가던 소가 웃을 일. 그래서 생각했다. 여기에는 무언가 심오한 뜻이 있을 것이라고. 우리를 지으신 이가 기능적 불합리성을 감수하고서라도 우리 인간에게 전하고자 하는 어떤 영적(靈的) 메시지가 있을 것이라고. 그것이 무엇일까?

이런 의문을 품고 그 답을 찾아 헤맨 세월이 약 20년. 그 메시지를 풀기 위해 지금껏 65년간 살아오면서 보고, 느끼고, 배우고, 고뇌해온 것들에다 그동안 공부한 의학과 자연과학과 역사와 철학에 신앙적 영감과 성찰을 버무려서 하나하나 답을 찾아 정리해 보았다.

그동안 필자의 글에 대해 조언과 비판과 지도를 아끼지 않은 《성공을 위한 여섯 가지 마인드》의 저자 김흥중 작가와 《주역강의》의 저자 서대원 선생님과 《상처받지 않고 나답게 사는 인생수업》의 저자 김달국 작가님께 고마운 마음을 전하고, 리스크를 무릅쓰고 초보 작가 글을 출판해준 더블:엔 출판사 송현옥 대표님께 머리 숙여 감사드린다.

그리고 40년을 한결같이 사랑하고 조력하고 친구되어온 내 인생의 동반자 김연옥에게 제일 먼저 이 책을 바치고 싶다.

2018년 6월
달맞이길 한 카페에서
비 내리는 해운대 바다를 바라보며
저자 白鏡

CONTENTS

001

‘두’ 눈에 대한 고찰

바로 뜨고 많이 떠서 바로 보고 많이 보라
욕망 관조 버무르고 너 눈 내 눈 함께 뜨되
때론 한 눈 뜨지 말고 모른 척 감으라고
두 눈을 주셨나 보다

1

바로 보고 바로 판단하라

하나님이 눈을 둘씩이나 준 이유는 뭐니 뭐니 해도 두 눈으로 바로 보고 바로 판단하라는 뜻이 아닐까?

우리가 세상을 살아가는데 있어서 가장 필요한 것 중 하나가 올바른 판단력이다. 사물이나 상황이나 사람에 대해 어떻게 판단하느냐에 따라 내 운명이 결정되고 그 결과를 어떻게 받아들이느냐에 따라 행(幸)과 불행(不幸)이 좌우된다.

물건을 하나 사더라도 물건 보는 눈이 필요한 법이다. 짝퉁 가방을 몇 백만 원 주고 샀다면 얼마나 뼛골이 쑤시겠는가? 상황판단을 잘못해서 나중에 후회하는 일은 또 얼마나 많은지. 하지만 '사람 보는 눈'이 없어 당하는 고통만한 것이 또 있겠는가?

그러면 지금부터 사람을 어떤 눈으로 바라보고 어떻게 판단할 것인가에 대해 논해보기로 하자.

외모 판단의 당위성

"사람의 외모로 내면을 판단할 수 있는가?"

많이 배운 사람일수록 이러한 극단적인 단답형 질문에 대해서는 언뜻 대답이 안 나올 것이다. 필자 역시 마찬가지다. 그러므로 이 질문에 대한 답은 잠시 미루어두고 질문을 바꾸어 해보자.

"사람의 외모로 내면을 판단해야 할 이유는 있는가?"

필자의 답은 "Yes!"다. 이유인즉슨 우리는 살아가는 동안 수많은 사람을 만나는데, 많은 경우 짧은 시간 내에 상대를 판단하고 중요한 결정을 내려야 하기 때문이다. 몇 가지 예만 들어보자.

직원채용

직원을 채용할 때 요즘처럼 모조리 정규직을 뽑으라면 회사에서 사람 뽑는 일, 참으로 만만찮을 것이다. 일단 뽑고 나면 아무리 일을 잘 못해도 함부로 쫓아낼 수도 없으니 말이다. 대학병원 의사인 우리는 더하다. 평생 같은 길을 가는 동업자이자 스승과 제자 사이로 맺어지는지라 레지던트나 스태프 한 명 잘못 뽑아놓으면 두고두고 애를 먹는다. 그런 중요한 사람 뽑을 때 어떻게 뽑나? 어느 직장이나 마찬가지로 서류 심사로 일부를 걸러내고는 면접으로 당락을 결정한다. 서류 심사에서 살아남은 사람들은 스펙 상 고만고만한 사람들이다. 그런 사람들을 상대로 면접을 볼 때 한 사람당 몇 분이나 소요되나? 차이는 있겠지만 대개 10분 내외일 것이다. 그 짧은 시간 안에 개개인의 속사람을 어떻게 알 수 있나? 방법은 하나, 겉으로 드러나는 여러 가지 사인(sign)을 예민하게 잡아내고 정확하게 판단하는 것 외에 달리 방법이 없다. 그때 드러나는 사인 중 무엇을 가장 중요시 여기는가는 사람마다 다를 수 있다. 과거 한 재벌회장은 사람 뽑을 때 관상가를 옆에 앉혀놓고 뽑았다는 일화는 널리 회자된다. 과연 그것이 얼마나 정확

했는지는 모르겠지만.

중매결혼

중매결혼 역시 신입사원 뽑는 일과 별반 다르지 않다. 먼저 중매쟁이가 가져오는 여러 스펙들 중에서 고르고 골라서 면접에 들어간다. 이때 영악한 수험생에 띨띨한 면접관(신랑, 신부)이 만나 사람을 선택하면 일생 동안 가슴을 친다. 이 정도 되면 "사람의 외모로 내면을 판단해야 할 이유는 있는가?"에 대한 당위성은 충분하다.

그러므로 '사람의 외모로 내면을 판단할 수 있는가?'에 대한 답은 아직 자신 있게 하지 못할지라도 사람의 외모로 내면을 판단할 수 있는 능력, 즉 사람을 꿰뚫어보는 눈은 당연히 있어야 하고, 없으면 길러야 하는 것이다.

외모 판단의 근거

   그러면 외모로 내면을 판단할 수 있는 근거는 무엇일까? 여기 똑같은 종이로 포장을 한 비슷한 모양과 크기의 봉지 두 개가 있다. 이들 속에 각각 무엇이 들어 있는지 포장을 풀지 않고 알아맞춰 보라면 어떻게 해야 할까?

   먼저 귀를 갖다댄다. 무슨 소리가 들리는지 아닌지.
   만져본다. 딱딱한지 말랑말랑한지, 따뜻한지 차가운지.
   들어본다. 무거운지 가벼운지.
   흔들어본다. 딸랑이는 소리가 나는지 사각사각 하는 소리가 나는지 아무 소리도 안 나는지.
   두드려본다. 둔탁한 소리가 나는지 맑은 소리가 나는지 아무 소리도 안 나는지.

이 정도만 해도 내용물의 물성(物性)에 대해 많은 부분이 파악될 것이다.

마지막으로 냄새를 맡아본다. 그러면 '향을 싼 봉지에서는 향내가 나고 생선을 싼 봉지에서는 비린내가 날 것이다.' 그리고 이것은 내용물의 감별진단에 결정적인 단서가 될 수 있다.

그렇다! 사람 역시 마찬가지다. 사람에게서도 냄새가 난다. 부자에게선 '돈 냄새'가 나고 유치한 사람에게선 '어린애 젖비린내'가 나고 평생 남을 속이며 살아온 사람에게서는 '사기꾼' 냄새가 나고 몹쓸 악인에게선 '사악한' 냄새와 함께 악한 기운이 뻗어져 나온다.

약 30여 년 전 이름만 대면 누구나 알 만한 희대의 조폭 두목을 진찰한 적이 있다. 그가 얼마나 무서운 사람이었는지 모르지만 청송감호소에 수감되어 있던 그를 병원에 데리고 오는데 무슨 007작전이라도 하듯 두 개 조로 나뉘어 연막작전까지 펴가며 극비리에 예고도 없이(도착 10분 전에 연락함) 전경버스에 하나 가득 경찰이 타고 그 한 사람을 호송해왔다. 필자의 진료실까지 오는 복도에는 1~2미터 간격으로 경찰관들이 도열해 있고 수갑에 포승줄까지 묶은 그를 무술경관 두 명이 양 옆에서 팔짱을 끼고 들어와 내 앞에 놓인 의자에 앉혔다.

　나는 원래 기(氣)가 강한 사람이다. 당시까지 어느 누구 앞에서도 기에 눌려본 적이 없었다. 이런 일도 있었다. 침을 놓을 때 기를 불어넣으며 놓는다는 한 지인이 나에게 진 신세에 대한 보답으로 며칠간 금침을 놓아주겠다 하였다. 첫날 집에 와서 40분 정도 침을 놓아주고 갔는데 다음날부터 연락도 없이 오지 않았다. 참 못 믿을 사람이라 생각했다. 나중에 만나 하는 말이, 내 몸에서 뿜어져 나오는 기가 하도 강렬한 탓에 침 하나하나 밀어넣는 데 너무 많은 기를 소진하여 다음날 자신이 기진맥진한 채 하루 종일 몸져 누웠다고 했다. 그래서 다시는 나에게 침은 못 놓아주겠단다.

　이렇게 기가 센 필자가 그와 마주 앉아 눈을 마주 본 순간, 그의 몸에서 뿜어져 나오는 사악한 냄새와 강렬하고 음습한 기운에 순간적으로 소름이 돋으면서 나는 그만 시선을 돌리고 말았다. 한마디로 그의 기에 압도당하고 말았던 것이다. 그때

나는 깨달았다. 저 자그마한 체구의 사나이가 어떻게 그 거친 조폭세계를 평정할 수 있었는지를. 이 강렬한 사악한 기와 그에 수반된 극도의 잔인성 앞에 조폭들도 몸서리쳤으리라.

이와 같이 사람은 속에 있는 내면의 모습을 아무리 감추려 해도 풍기는 냄새로, 내뿜는 기로 말없이 스스로를 드러낼 뿐 아니라 생긴 모습을 보고, 말을 시켜보고, 이리저리 찔러보면 갖가지 반응을 통해 자신의 진면목을 토해내는 것이다.

외모가 주는 정보

의사가 환자를 진찰할 때 쓰는 기본 술기(術技)에는 병력 및 증상을 물어보는 문진(問診), 머리끝에서 발끝까지 세세히 살펴보는 시진(視診), 속에서 나는 소리를 들어보는 청진(聽診), 손으로 만져보는 촉진(觸診), 손가락으로 두드려보는 타진(打診)이 있다.

과거 초음파나 CT 같은 영상의학 장비가 없던 시절에는 환자의 속병을 진단하는 데 있어서 위의 방법은 거의 절대적 비중을 차지했다.

우리가 이 장에서 다루고 있는 '잘 모르는 사람의 속을 알아낸다는 것' 역시 의사가 환자를 진찰하는 행위와 별반 다를 바

없고 사람의 외모로 내면을 판단하는 것은 그 중 시진에 해당하는 것이다.

'우리는 사람의 겉모습을 보고 무엇을 알아낼 수 있을까?'
이 부분은 워낙 방대해서 이 자체만으로도 몇 권의 책이 나와야 할 것이나 여기서는 사람을 처음 만날 때 살펴보아야 할 몇 가지 관전 포인트만 짚어보기로 하자.

체형

만날 사람이 카페 문을 열고 들어올 때 제일 먼저 눈에 띄는 것은 상대방의 몸집이다. 뼈와 근육이 발달한 근골형(筋骨型), 키가 크고 마른 세장형(細長型), 키가 작고 어깨가 좁은데 반해 몸통이 굵은 비만형(肥滿型). 사람은 체형에 따라 기질의 차이가 나고 체형과 상관없이 배가 얼마나 나왔는지를 보면 식습관, 생활태도 및 절제력을 짐작할 수 있다.

걸음걸이

다음으로는 걸음걸이를 들 수 있다. 사람마다 걷는 양태(樣態)도 제각각이다. 빠릿빠릿한 사람, 느릿느릿한 사람, 보무당당한 사람, 처진 어깨에 힘없이 걷는 사람, 자로 잰 듯 똑바로 걷는 사람, 뒷짐 지고 팔자걸음 걷는 사람….

이런 모습에서 그 사람의 기질, 기분, 자신감, 진취성 등이 드러난다.

차림새

입고, 신고, 쓴 모습을 보면 먼저 빈부의 차이가 나타난다. 과거에는 빈자가 확연히 드러났지만 요즈음은 부자가 조용히 드러낸다. 다음으로 품위와 천박이 옷을 벗고, 멋쟁이 앞에서 멋모르는 자가 돈값 못하고 부끄러움을 당한다.

인사, 악수, 명함 주고받기

이런 행위에 대한 태도를 통해 예의범절의 수준과 상대방에 대한 존중의 정도를 알 수 있다. 이제 마주 앉아 대화를 나눌 차례.

앉는 자세

의자에 앉아 대화를 나눌 때 허리를 꼿꼿이 세워 앉는지 축 처진 자세로 앉는지, 다리를 정자세로 앉는지 벌리고 앉는지 꼬고 앉는지, 앉았다 일어날 때까지 자세를 변함없이 하고 있는지 아니면 몸을 비비 꼬거나 다리를 얄망스럽게 흔들어대는지를 통해서 상대의 기질, 무게감, 기품, 신뢰감, 정서상태가 전해져온다.

목소리와 말투

　사람들 중에는 생긴 모습에 눈이 뻥 갔다가 입을 여는 순간 환상이 와르르 무너지는 사람이 있다. 눈이 현혹될 수 있는 부분을 귀가 보완하는 것이다. 목소리에서 상대방의 기질, 카리스마, 신뢰감, 자신감을 느낄 수 있고 말투에서 교양, 교만, 온유, 친절의 정도를 가늠할 수 있다.

뒷모습

　사람의 뒷모습에서 무엇을 볼 수 있을까? 분명 앞모습에 비해 볼거리가 별로 없다. 하지만 앞모습, 옆모습, 뒷모습 중에서 가장 정직한 모습은 뒷모습이다. 뒷모습은 연기를 할 수 없으니까.

　평소에 아주 밝고 쾌활한 여직원이 있었다. 어느 날 퇴근길에 그녀가 나보다 약간 앞에서 걸어가고 있었는데 그 뒷모습에서 무언가 쓸쓸한 듯한 느낌이 풍겨왔다. 그동안 한번도 느껴보지 못한 것이었다. 나중에 알고 보니 남에게 말 못할 아픈 상처가 있는 사람이었다.

　이와 같이 우리는 겉으로 드러나는 여러 가지 모습을 통해 상대에 대해 많은 것을 알아챌 수 있다. 이제 그러한 겉모습 중 가장 중요한 얼굴에 대해 살펴보자.

얼굴의 중요성

의과대학에 입학해서 의예과를 마치고 본과에 올라가면 제일 먼저 기다리고 있는 학문이 해부학이다. 해부학! 지금 생각해도 치가 떨린다. 나는 원래 이치를 따지고 원리를 파고들고 추리해 가는 것에 타고난 재능이 있고 재미를 느끼는 사람인데 이 과목은 이치고 뭐고 무조건 모조리 달달 외워야 하는 학문이니 수준미달의 암기력을 가진 나와 궁합이 맞을 리가 없었다.

맨 먼저 등장한 골학(骨學). 밤낮으로 강시처럼 주문 외우듯 염불 외우듯 온몸의 뼈다귀 이름만 외우다 한 달가량 지나고 다음으로 기다리고 있던 근학(筋學)으로 넘어오니 우선 외워야 할 이름수가 대폭 줄어든다는 사실에 일말의 안도감을 느꼈다.

하지만 그것도 잠시, 막상 들어가 보니 근육 이름만 외우는 것이 아니라 그 근육이 일어난 부위(origin)와 가서 붙는 부위(insertion)의 뼈 이름까지 합하여 세 가지를 세트로 외워야 한다는 사실에 절망했다. 그러다가 얼굴에 들어와서 이제 좀 외울 게 없겠구나 하고 한숨 돌리려는데 이 조막대기만한 얼굴에 무슨 놈의 근육이 그리도 많은지!

인체 외면의 표면적을 따져보았을 때 마치 드넓은 평원 같은 가슴과 배에도 근육의 종류는 겨우 5개와 4개다. 그런데 이 작은 얼굴에는 외워야 할 근육 이름이 물경 20개나 되니 내가 마~ 딱 돌아가시겠다. 하나님은 어찌하여 이 좁은 평수 안에 그리도 많은 근육을 집어넣어야만 했을까?

그 이유는 자명하다. 바로 '표정' 때문이다.

인간은 좌우 대칭으로 스무 개씩, 총 마흔 개나 되는 근육을 동원하여 별의별 표정을 다 짓는다. 그에 반해 동물의 경우 표정이 거의 없다. 아무리 슬퍼도 눈빛으로 말할 뿐 표정으로 나타낼 수 없고 아무리 화가 나도 이빨을 드러내는 정도다. 왜 그럴까? 그 이유는 사람에 비해 얼굴근육 수가 크게 부족하기 때문이다.

개의 경우 얼굴근육(facial muscles)은 11개로서 양쪽을 합하여 22개, 사람의 40개에 비하면 턱없이 모자랄 뿐 아니라 이들은 대부분 눈 코 귀 입의 작동에 관여한다. 포유류의 경우 사람과 동물의 해부학적 구조는 매우 유사하다. 손발을 빼고 나면 거의 같다고 해도 무방하다. 그런데 왜 얼굴의 근육은 이렇게나 차이 나게 만들었을까?

조물주의 심오한 의도를 내 어이 정확히 헤아릴 수 있겠는가 마는 하나 분명한 사실은 이렇게 된 것이 인간에게는 얼마나 다행한 일인지 모른다는 점이다.

도살장으로 향하는 소나 돼지가 슬프디 슬픈 표정으로 눈물을 뚝뚝 흘리며 꺼이꺼이 울면서 끌려간다면 그런 놈을 어찌 죽이며 어찌 먹을 수 있겠는가?

길을 가는데 마주 오던 개가 사람을 아래위로 쓰~윽 훑어보고는 얼굴에 야릇한 비웃음을 흘리며 속으로 '아이고~ 나보다 못한 넘!' 하며 지나간다면 얼마나 많은 사람들이 그 꼴을 당하고 살아야 할까?

참으로 다행한 일이다.

그러면 조물주가 특별히 사람에게만 준 이 지극히 잘 발달된 표정근은 무슨 역할을 할까?

이들은 인간이 느끼는 온갖 희로애락 뿐 아니라 깊은 사유 끝에 오는 정신적 고통과 고뇌, 그리고 감추고 싶은 속내까지도 얼굴을 통해 드러나게 한다.

또한 나이든 사람의 얼굴에서는 지나온 세월의 풍상과 연륜과 인격이 묻어나게 한다. 그래서 링컨은 다음과 같은 말을 남겼다. "사람이 나이 마흔을 넘기면 자신의 얼굴에 대해 책임을 져야 한다."

결론적으로 하나님께서 인간에게 표정을 주신 목적은 말이 없어도, 말을 할 수 없어도 서로 통하게 하고, 말로 다 표현할 수 없는 부분까지도 전달케 하며, 숨기고 싶은 속내까지도 드러나게 함으로써 서로 거짓 없이 진솔된 마음으로 마음껏 소통하라고 내려준 축복이 아닐까?

01

바로 보고 바로 판단하라

지금까지 우리는 외모가 주는 정보에 대해 간략하게 살펴보았다. 그 결과 사람은 겉모습에서 참으로 많은 것을 알 수 있다는 사실을 알았다. 사람은 누구나 어떤 형태로는 속을 드러낸다. 하지만 우리는 그 모든 것을 얼마나 정확히 인지(認知) 내지는 감별할 수 있을까?

지금부터 사람의 겉모습이 주는 정보의 한계성 내지 함정에 대해 외모 중 가장 많은 것을 제공해주고 사람의 첫인상과 이미지 형성에 결정적인 역할을 하는 얼굴을 중심으로 살펴보기로 하자.

외모는 꾸밀 수도, 고칠 수도 있다

십여 년 전 유명 스타들의 화장 전후 모습을 비교해놓은 사진들을 본 적이 있는데 그때 참으로 놀랐다. 완전히 서로 다른 사람으로 보였다. 어쩌면 이렇게 사람이 달라 보일 수 있나? 자세히 뜯어보면 이목구비가 같다는 것은 알겠는데 이미지는 완전히 달랐다. 평소 화장을 거의 하지 않아 밤이나 낮이나 안에서나 밖에서나 항상 그 얼굴이 그 얼굴인 아내와 몇십 년을 살아온 나에게 그들의 화장술은 변장술을 뛰어 넘어 일종의 마술처럼 다가왔다.

그때 문득 깨달았다. 평소에 남자들이 여자들의 이 뛰어난 변장술에 얼마나 속아 넘어가고 있는지를. 얼마나 많은 남자들이 낮에 본 미모의 얼굴에 반해 쫓아다니다 아침에 침대에서 눈을 떠서 자신의 옆에서 자고 있는 생면부지의 얼굴을 보고 놀랐을지를.

이러한 대남사기극(對男詐欺劇)은 여기서 끝나지 않는다. 이제 이 나라는 여고생들이 고등학교 졸업과 동시에 제일 먼저 달려가고 싶어 하는 곳이 성형외과인 나라가 되어버렸다. 그 결과 유명 연예인들의 졸업앨범 사진을 보면 의사인 내 눈에도 도무지 동일인이란 생각이 안 드는 경우가 너무나 많다.

이에 친절한 상석 씨는 저승사자 걱정까지 하게 되었다. 한국이라는 나라에 파견 나오는 저승사자들, 얼마나 황당할까? 자신이 데려가야 할 사람의 저승용 몽타주와 너무나 다른 실물 모습에 저승길 가는 내내 "내가 지금 데려가고 있는 사람이 진짜 맞나?" 하면서 고민할 모습을 생각하면 애처롭기까지 하다.

사람은 연기를 할 수 있다

    사람은 누구나 남에게 잘 보이려는 욕구가 있다. 게다가 동물 중에 가장 머리가 좋다. 그래서 온갖 수단을 동원하여 자신을 치장하고 포장한다. 여기에 동원되는 기술이 연기(演技)다. 군집생활을 하는 동물 중에서도 연기자라는 역할을 맡은 동물은 없다. 연기는 인간만이 할 수 있다.

    연기는 어떻게 가능한가? 동물과 구별하여 주어진 그 많은 얼굴근육 덕분에 가능하다. 자신의 희로애락을 있는 그대로 마음껏 표현하고 소통하라고 준 이 근육들은 자신의 이익을 위해서 남을 속이는 데도 아주 유용하게 쓰이는 것이다.

    필자가 고등학교를 졸업하던 해, 만 18세가 되던 해, 난생 처음으로 주민등록을 만들기 위해 파출소에 가서 지문을 채취한 후 집으로 돌아가는 길에, 동래구청 앞에서 2인조 네다바이꾼(사기꾼)을 만나 그들의 연기에 속아 넘어가 백주 대낮에 골목 안에서 아버지가 대학 입학 기념으로 사준 당시 롤렉스 다음으로 비쌌던 애니카 금딱지 손목시계를 내 손으로 풀어 넘긴 쓰라린 경험이 있다.

(이에 대한 기막힌 사연은 필자의 블로그 카테고리 중 '잊지못할 추억' 편에 The Sting, Korean Version(제1~5막)이란 제목으로 나와 있다. http://blog.daum.net/hansono/17436460)

47년이 지난 지금도 그날 일이 마치 어제 일인 양 눈에 선하고 그들의 그 기막힌 시나리오와 배우 뺨치는 연기에 나도 모르게 "그것 참~~" 하는 소리와 함께 입가에 쓴 웃음이 번진다. 그때 하나님이 눈을 두 개씩이나 주신 이유 중 하나, 두 눈 바로 뜨고 바로 보고 바로 판단하라는 메시지를 알았어야 했는데.

배경이 사람을 달라 보이게 만든다

우리는 살아가면서 여러 계층의 다양한 사람들을 직접 만나거나 TV를 통해서 얼굴을 접하게 된다. 그 중 기억에 남는 사람들은 역시 고위직이나 부자, 유명 인사들인데 이들 중에는 예상치 못한 뜻밖의 인물들이 종종 있다.

그것은 그들의 직업, 직책, 지위와 그에 따라 미리 예상했던 얼굴과 매치가 잘 안 되는 경우다. 이럴 때 사람들은 고개를 갸우뚱하다가도 "생긴 건 저래도 남다른 한 칼이 있는 모양이다. 그러니 저 자리까지 올라갔겠지?" 하면서 이해 안 가는 그 오묘한 관상 때문에 오히려 더 후한 점수를 주는 경향이 있다.

반대로 노숙자를 데려다 한 달간 잘 먹이고 잘 입히고 땟물 싹 벗겨서 사장 자리에 앉혀 놓으면 사장감이 따로 없다. 정주영 씨를 한 달간 서울역에서 노숙생활을 시키고 노숙인들 사이에 섞어두었을 때 그를 콕 집어내어 "아이고, 지금은 이런 고생을 해도 앞으로 대부호가 될 관상이십니다!" 하고 넙죽 절하며 경의를 표했을 관상가가 과연 몇 명이나 있을까?

사람의 눈은 똑같은 물체를 두고도 배경에 따라 크기나 색깔을 달리 인식하는 착시 현상이 있다. 비록 그 대상이 사람이라 할지라도 마찬가지다. 똑같은 사람을 보아도 그가 업고 있는 사회적 지위라는 배경에 따라 얼마든지 달라 보인다는 사실을 명심해야 할 것이다.

관상학의 한계

　외모를 다루면서 관상학을 빼놓을 순 없다. 관상학의 역사는 2,000년이 넘는다. 이는 오래 전부터 우리의 생활과 뇌리 속에 깊숙이 자리 잡고 있고 필자 역시 한때 이에 대해 관심이 많아 나름대로 공부도 해보았다. 그리고는 지금껏 35년간 영상의학, 그 중에서도 복부 영상을 전공하며 살아왔다. 여기서 내 평생의 전공인 영상의학(影像醫學)과 관상학(觀相學) 사이에 어떤 상관관계가 있는지 살펴보는 것도 관상학을 보다 잘 이해하는데 도움이 되리란 생각이 든다.

1. 영상의학과 관상학

두 학문은 '상,' 즉 생긴 꼴을 연구한다는 점에서 같고(상의 한자는 다르지만 뜻은 같다) 접근 방법도 근본적으로 다를 바가 없다. 다른 점이 있다면 하나는 겉 꼴을 보고 남의 속과 미래를 점치고 또 하나는 속 꼴을 보고 죽을 병인지 살 병인지, 살면 얼마나 살 것인지, 치료는 어떻게 할 것인지를 판단한다는 점이 다르다.

그러면 어떤 학문이 더 어려울까?

여러 생각 할 것도 없이 관상학이다. 영상의학은 사람의 속을 손금 보듯 훤히 들여다보고 그 속을 이 잡듯 뒤져서 병든 부위를 찾아내고 그 병의 정체를 파악하는데 반해 관상학은 겉만 보고 상대의 속이 검은지 흰지, 타고 난 기질은 어떠한지, 나아가 남의 운명까지 점치려니 오죽이나 힘들겠나!

그런데 참 이상하다. 이렇게 남의 속을 밝히 보는 영상의학자는 아무리 자신이 있어도 대개 감별하여야 할 질환 한두 개는 추가하고 때로는 진단명 앞이나 뒤에 '그럴 것 같은' '가능한' '의심되는' 같은 자신 없는 수식어를 붙이는데 관상가는 한 사람의 본질과, 살아온 인생과, 운명이라는 그 거대한 명제에 대해 얼굴 생긴 모습 한 번 보고는 너무나 확신에 찬 어조로, 말까지 팍팍 까가면서, 거침없이 단정하고 정죄하고 확정짓는다. 마치 자신이 하나님이라도 된 것처럼. 도대체 저 자신감은 어디서 나오는 건지??

며칠 전 우연히 TV에서 한 인기연예인이 진행하는 오락프로그램을 보게 되었다. 그 날 초대 손님은 40년간 관상을 보아왔다는, 진행자의 소개로는 한국 최고의 관상가라는, 도사 차림의 사람이었다. 그는 짠~ 하고 무대에 나타나자마자 진행자의 관상부터 시원스레 한 방 날리더니 진행 도우미 격으로 무대 한 쪽에 우르르 앉아 있는 연예인들에 대해 보이는 대로 거침없이 화살을 쏘아댔다. 그러자 그들은 두 눈을 동그랗게 뜨고는 "어머 어머…," "그래, 맞어 맞어~~" 하면서 연방 넘어가고 커다란 덩치의 진행자는 아예 그 앞에 가서 무릎을 꿇고는 존경스런 눈빛으로 올려다보는데 그는 의자에 다리 꼬고 앉아 마치 황제처럼 내려다본다. 한마디로 가관이 절찬이었다.

대한민국이라는 나라! 참으로 오묘한 나라다.

지금이 때가 어느 땐가? 21세기 아닌가? 인간의 과학이 그동안 존재해왔던 온갖 잡신들 다 몰아내고 이제 스스로 유일신에 등극하려고 폼 잡고 있는 시대다. 그런데 어찌된 영문인지 이 나라에서는 관상 이야기만 나오면 그 두리뭉실한 암시성 발언에 다들 최면에라도 걸린 것 같이 정신줄 놓고 앉아 감탄하고 빠져든다. 마치 좀비라도 된 것처럼. 저 맹목적 순종은 어디서 오고 저 자신감은 어디서 나오는 것일까?

나는 영상의학이란 쉬운 학문을 40년 가까이 누구보다 열심히 갈고 닦아도 갈수록 모르는 것이 많아지고 갈수록 진단 붙이기가 조심스러워지는데 그 어려운 관상학을 40년 밖에 공부 안 한 저 사람은 어떻게 저렇게나 자신만만하게 그것도 방송에 대놓고 사람들을 데리고 놀까? 관상학이란 학문이 내가 생각했던 것보다 훨씬 쉬워서 일까? 아니면 그 사람에게 무슨 신통력이라도 있어서 일까?

그러면 지금부터 관상학이란 어떤 학문인지 한번 분석해보기로 하자.

2. 관상학의 시작과 성격

의학적 접근 방식은 두 가지로 나눠볼 수 있는데, 하나는 전향적 접근(前向的接近)이고 다른 하나는 후향적 접근(後向的接近)이다.

예를 들어 간암에 관련되는 중요한 요인을 규명하고자 할 때 어떤 사람은 "분명 간에 생긴 염증이 암을 유발할 것이야"라고 생각하여 간염에 걸린 사람들을 대상으로 이들 중 몇 명에서 간암이 발생하는지를 추적 조사하는 방법이 전향적 접근이고, 반대로 간암에 걸린 환자들을 대상으로 이들이 과거에 어떤 환경이나 생활습관 속에 있었는지 어떤 병을 앓았는지 등을 역추적해 들어가 그들이 가지는 공통점을 분석해서 원인을 규명해 나가는 방법이 후향적 접근법이다.
이러한 관점을 관상학에 한번 적용시켜보자.

옛날부터 사람들이 가장 알고 싶어 하는 것 중 하나는 앞으로 내가 부자가 될 것이지 아닌지에 관한 것이리라. 그래서 애초에 관상가도 "얼굴 중 부(富)를 상징하는 포인트가 어디

메며 부자의 상은 어떤 것일까?" 하며 골 싸매고 있었을 것이다. 이때 "부의 상징 부위는 틀림없이 코일 것이야" 라고 생각해서 사람들의 코를 열심히 분석하여 부자의 코 상(相)을 찾아냈다면 전향적 접근법을 쓴 것이고,

반대로, 부자들을 대상으로 그들의 얼굴에 어떤 공통점이 나타나는지를 연구하여 그것이 '코'라는 사실을 알아내고 그 꼴을 그려냈다면 후향적 접근법을 쓴 것이 된다.

그러면, 맨 처음 관상학을 창안한 사람은 어떤 방법으로 접근했을까?

물론 이런 문제에 대해 정확히 답할 수 있는 사람은 아무도 없다. 다만 가장 논리적인 추론이 정답으로 대접받을 뿐. 그러면 이제부터 상상의 나래를 펼쳐보자.

먼저, 전향적 접근법이다.
'인간의 모든 비밀은 얼굴에 다 나타날 것이다' 라는 생각 하나로 각 부위별 의미를 미리 정해놓고 얼마나 맞아떨어지는지

를 연구해서 관상학을 집대성했다? 아무런 베이스도 없는 데서? 이런 방법은 아예 말이 안 된다.

다음으로, 후향적 접근법.

부자들을 쭉 살펴보니 코가 잘생겼더라, 귀한 인물들을 쭉 살펴보니 귀가 잘생겼더라. 이건 말이 된다. 하지만 관상학이란 말도 없고, 인터넷도 없고, 도서관도 없던 시절에 공개된 개인 정보라고는 고관대작이나 소문난 부자, 학자 등에 관한 소문 정도이고 그런 사람들 얼굴 한 번 보기 쉽지 않던 시절에 한 개인이, 조력자도 없이, 당시의 짧은 평균수명을 생각하면 일생 동안 연구한다 쳐도 기껏 이삼십 년인데 신학문의 토대를 확립할 만큼 연구대상을 수집한다는 것은 적어도 과학적 사고방식으로는 불가능하다.

그러면 남는 가능성은 제3의 방법으로서 예지력(叡智力)에 의한 깨달음이다. 기도 중에 하느님이나 부처님이 가르쳐주었거나 아니면 깊은 명상 중에 스스로 깨달음에 다다랐거나 그냥 한순간에 번쩍 알아버린 거다. 이렇게 되면 학문의 영역을 벗어난다. 하지만 이것 외에 달리 설명할 방법이 없다.

결론적으로 관상학은 예지력에 의한 개인의 검증되지 않은 깨달음에 오랜 세월 동안 후대의 경험이 덧입혀져 오늘날에 이른, 학문이라기보다 경험철학 내지는 신기(神氣)에 가까운 것이 아닐까?

3. 소견과 상징의 중복성

영상의학에 의한 진단 시 어떤 영상소견이 특정 질환에서만 나타난다면 그 소견(所見)이야말로 특이도(specificity) 100%의 참으로 진단적 가치가 높은 소견이다. 반면 어떤 소견이 악성(惡性)뿐 아니라 양성(良性)질환에서도 나타난다면, 나아가 여러 질환에서 볼 수 있는 소견이라면 그 소견은 감별진단에 별 쓸모가 없는 것이다.

마찬가지로 관상학에서도 한 부위의 소견이 하나의 상징(象徵) 내지 의미만 나타낸다면 얼마나 쉽고 유용하게 적용할 수 있겠는가? 하지만 실상은 정반대로서 하나의 부위에 여러 가지 의미를 부여하고 하나의 상징이 여러 부위에 나타난다.

말이 좀 어려운데, 보다 쉽게 설명하자면 가령 코는 부(富)만 나타내고 부(富)는 코에만 나타난다면 얼마나 판독하기 쉬울까! 그리고 그 분석이 얼마나 정확할까! 그러나 실제로는 너무나 많은 것들이 겹치고 뒤엉켜 있어 나 같은 정도의 머리로는 도무지 관상가가 될 엄두를 못낼 정도다. 하기야 얼굴이라는 그 좁은 면적 안에 이목구비라는 몇 안 되는 변수를 가지고 인간의 모든 것을 다 점치려니 얼마나 겹치는 게 많겠는가.

한참 오래 전 총각시절 어느 날, 어머니께서 TV를 보면서 하시는 말씀이 "관상에서 아래눈꺼풀은 인기와 관련이 있어서 탤런트 같은 연예인들은 그 곳에 도톰하니 살집이 많은기라." 그 이후로 텔레비전 볼 때마다 출연자들 아래눈꺼풀을 유심히 살펴보았는데 참으로 많은 연예인들의 그 곳이 도톰하니 두드러져 보여 신통방통했다. 그러다가 언젠가는 그 부위가 도톰하면 자식 복이 많다는 소리를 듣고선 이건 또 무슨 뚱딴지같은 소리? 인기와 자식 복이 무슨 상관이란 말인가? 싶어 아예 아래눈꺼풀 관상학에 관한 자료들을 여러 편 찾아보니 다음과 같이 나와 있었다.

이 부위는 얼굴의 12궁(宮) 중 남녀궁(男女宮)에 해당하고 자손의 일을 본다 하여 자녀궁(子女宮) 혹은 누에가 옆으로 누운 모양 같다 하여 와잠(臥蠶)이라고도 하는데 이곳이 잘 발달되어 있으면 정력이 강하고, 섹시하고, 이성으로부터 인기가 많고, 호색(好色)하고, 성관계가 난잡하고, 수태능력이 좋아 자식이 많고 남자는 왼쪽이 아들, 오른쪽이 딸 많음을 의미하며 여자는 그 반대다.

이와 같이 아래눈꺼풀 하나에 정력, 성욕, 인기, 이성관계, 수태능력이 나타난단다. 그동안의 경험으로 미루어 보아서는 인기와 연관이 있다는 점은 수긍을 하겠는데 다른 문제는 도무지 수긍이 안 간다.

이런 해석이 왜 나왔을까?
이 부위의 이름을 남녀궁(男女宮)이라 지은 걸 보면 이곳이 주로 남녀교접(男女交接)과 관련이 있다고 생각한 모양이고 그 결과 이 부위가 잘 발달되었으면 정력이 강하다고 보았고 정력이 강하면 성욕이 강할 것이고 성욕이 강하면 색(色)을 밝힐 것이고 색을 밝히다 보면 문란해질 것이고 그러다 보면 이리

저리 싸질러 놓는 게 많다~~. 대충 이런 논리의 흐름 아니겠
나?

　그러면 한번 물어보자.
　그 놈이 도톰하면 위의 모든 게 다 나타나고 얇으면 정력도
약하고 인기도 없고 자식도 없는가?

　정력적이면 다 섹시하게 보이는가?

　정력이 강하다고 인기 있나?
　그러면 연예인들은 다 변강쇠겠네?

　정력이 강하다고 다 호색하나?
　호색과 정력은 다른 문제라 정력이 약해도 호색하는 사람
많다.

　성적 욕구가 강하다고 다 문란하다는 법이 어데 있노?
　성적 욕구가 강해도 절제할 줄 아는 것이 동물과 다른 점 아
니던가?

정력 좋다고 자식이 많다?

그럼 우리 옛사람들은 지금보다 정력이 좋아 그렇게 아이를 많이 낳았나?

따지자면 한이 없다.

필자가 하필이면 아래눈꺼풀을 고른 이유는 관상의 관찰 부위 중 일반인들이 그 의미를 잘 모를 정도로 크게 눈에 들어오지 않는 곳, 그리고 상징하는 의미도 별로 많지 않는 곳을 예로 들기 위해서다. 이런 곳도 이렇게 논란의 소지가 많고 황당하기까지 한데 다른 곳이야 오죽할까?

4. 통계학적 뒷받침의 결여

영상의학자가 복부초음파 검사를 시행하여 간에 2cm 미만의 조그만 혹을 하나 발견하였다 하면 그 때부터 그는 신경이 아주 예민해진다. 간암은 초기에 발견하여 빨리 치료하면 비록 악성 중에 악성인 간암이라 할지라도 얼마든지 완치시킬 수 있다. 하지만 양성종양으로 오판하고 그냥 넘기면 얼마 안 가서 손도 쓸 수 없는 지경에 이른다.

간혈관종(肝血管腫)은 간에 가장 흔한 양성종양으로서 있어도 그만 없어도 그만인 병일 뿐인데 이를 간암으로 오진하면 CT, MRI, 나아가 간조직검사까지, 여러 가지 쓸데없는 검사로 환자를 괴롭힐 뿐 아니라 확진이 날 때까지 멀쩡한 사람 지옥을 경험하게 만들고 한 집안을 초상집으로 만든다.

이과 같이 생과 사를 가르는 두 질환의 초기상태의 감별은 오로지 영상의학자만이 할 수 있고 그는 그 혹의 생긴 모양을 보고 감별하게 되는데 그 모양의 감별점이 한두 개면 얼마나 좋을까! 하지만 현실은 녹록치 않다.

크기는 어떠한지,

경계선은 명확한지 흐릿한지, 매끈한지 거칠거칠한지,

종양 내부의 에코음영은 균일한지 지저분한지, 또는 흰지 검은지,

종양 내에 구멍이 뚫렸는지 아닌지,

구멍이 있다면 중앙에 있는지 주변부에 있는지, 그 모양은 어떻게 생겼는지,

종양의 양쪽 경계를 따라 검은 그림자가 내려오는지 아닌지,

종양의 뒤쪽으로 하얗게 음향증강이 일어나는지 안 일어나는지,

종양 내에 석회화(石灰化) 음영이 있는지 없는지,

있다면 어떤 형태로 나타나는지,

그리고 간에 간염이나 간경화가 동반되었는지 아닌지 여부까지

조그만 혹 하나 감별하는데 열 개도 넘는 감별점들을 하나하나 면밀히 분석해야 한다. 관찰점이 아무리 많아도 간암은 암의 소견만 보이고 혈관종은 양성 소견만 보이면 얼마나 좋을까. 하지만 크기가 작을수록, 초기 암일수록 양쪽이 겹치는 소견이 많아지니 이를 어찌할꼬!

이를 해결하기 위해 의학자들은 여러 가지 통계기법을 동원한다. 그 중 가장 기본적인 것 한 가지만 소개하면 중요한 소견의 민감도, 특이도, 양성예측가, 음성예측가, 그리고 정확도를 구하는 일이다. 그러면 이들이 각각 어떤 의미를 가지는지에 대해 관상학과 연관지어 설명해보자.

어떤 관상가가 얼굴 부위 중 부(富)와 관련하여 가장 의미 있는 부위가 코라는 사실을 알고 부자(富者)와 빈자(貧者)를 각각 100명씩 골라 그들의 코 관상을 본 결과 부자 100명 중 코 잘생긴 사람(코+)이 80명이고 못생긴 사람(코−)이 20명이었고, 빈자 100명 중 코 못생긴 사람이 60명이고 잘생긴 사람이 40명으로 나왔다면 위에 언급한 각각의 통계치와 그 의미는 다음과 같다.

	부자 (100)	빈자 (100)	
코(+)	80(a)	40(c)	양성 예측가 PPV = a/(a+c) = 0.667
코(-)	20(b)	60(d)	음성 예측가 NPV = d/(b+d) = 0.750
	민감도 Sensitivity = a/(a+b)=0.800	특이도 Specificity = d/(c+d)=0.600	정확도 Accuracy = (a+d)/ (a+b+c+d)=0.700

• 민감도: 부자 중 몇 %에서 코가 잘생겼는가? → 80%

- 특이도: 빈자 중 몇 %에서 코가 못생겼는가? → 60%
- 양성예측가: 코 잘생긴 사람을 보고 "너 부자네" 했을 때 맞을 확률 → 66.7%
- 음성예측가: 코 못생긴 사람을 보고 "너 빈자네" 했을 때 맞을 확률 → 75.0%
- 정확도: 코를 부와 연관시켜 관상을 보았을 때 맞을 확률 → 70%

이를 좀 더 쉽게, 간단히 줄여 설명하면 부자 중에는 코 잘생긴 사람이 압도적으로 많다(80%). 그렇다고 해서 코 잘생겼다고 부자 될 거라고 점 쳤다가는 큰 코 다친다(맞을 확률 66.7%). 오히려 코 못생긴 사람에게 "돈하고는 좀 거리가 있겠는데요!" 하는 것이 맞을 확률이 더 높다(75%). 그리고 코 하나 보고 부와 관련하여 점을 치면 10명 중 3명은 틀린다는 말이다.

관상학의 최대 약점은 바로 이런 통계학적 뒷받침이 없다는 점이다. 그래서 몇 권 안 되는 옛 사람들의 관상학 책으로 얻은 지식에 자신의 직관과 경험에 의존해 남의 운명을 점친다.

그러면서도 "당신은 평생 돈 하고는 인연이 없어" "'당신은 남편 복 없어, 마누라 복 없어" 하면서 너무나 자신 있게 너무나 단정적으로 말한다.

지금껏 자신이 한 말이 얼마나 맞았는지 얼마나 틀렸는지 추적 조사도 하지 않고, 자신이 하는 말이 몇 퍼센트에서 맞아떨어질지 아무런 근거도 못 대면서 자신이 하는 말은 무조건 맞을 것이라는 자기최면에 취해서 내지는 강력한 암시로 상담자에게 최면을 걸든지 하면서 말이다.

5. 정작 가장 중요한 것은 모른다

우리는 왜 그리도 관상에 관심이 많을까? 그 이유는 두 가지. 하나는 자신에 대한 관심이고 다른 하나는 남에 대한 관심 때문이다. 자신에 대해서는 미래를 미리 알고 싶어서고 남에 대해서는 상대의 속을 들여다보고 싶어서일 게다. 이 중 관상으로 미래를 점치는 일은 논외로 하자. 아까운 지면을 할애할 만큼 언급할 가치가 없기 때문이다.

이제 관심을 다른 사람에게 돌려보자.

우리가 사람을 만날 때, 특히 나와 중요한 관계를 이어나갈 사람을 만날 때, 그리고 무언가 중요한 결정을 내려야 할 때, 관상에서 보여주는 많은 것 중 어떤 점을 가장 알고 싶을까? 그것은 아마도 '저 사람은 과연 믿을 만한 사람인가?' 하는 문제일 것이다.

사람이 인생길을 가면서 만나게 되는 여러 가지 갈등, 고뇌, 고난, 위기 등은 대부분 사람과의 관계에서 생기는 문제들이다. 그 중에서도 가장 가슴 아픈 상황은 믿었던 사람의 배신이고 가장 위험한 상황은 믿었던 사람이 내 등에 칼을 꽂을 때이다.

만약 관상 한 번 척 보고 배신할 사람을 알아볼 수 있다면 얼마나 좋을까? 관상에 배신(背信)의 상(相)이 있는가? 있다. 있어도 여러 가지가 있다. 그 중에 하나만 소개하면 관상학 책에 이런 말이 나온다.

"걸을 때 고개를 숙이면서 자주 걷고 팔을 길게 저어가면서 걸으며,

뒤를 돌아볼 때 몸만 살짝 돌려서 눈을 흘겨서 돌아보면

배신할 관상이다."

어째, 믿을 만한가? 앞으로 이 잣대를 가지고 사람을 판단하면 배신자를 골라낼 수 있을까? 영상의학자인 필자는 '배신'이란 진단명에 대해 이런 판독이 나온다면 오토매틱으로 다음과 같은 질문이 떠오른다.

- 걸을 때 고개가 몇 도 정도 떨어지면 고개를 숙이고 걷는다 하는가?
- 걸을 때 얼마나 자주 그리하면 자주 그리하고 걷는다 하는가?
- 팔을 앞뒤로 몇 센티미터나 휘둘러야 길게 저으며 간다 하는가?
- 몸을 얼마나 돌려야 살짝 돌린다 하는가?
- 눈을 흘긴다면 구체적으로 어떤 모양을 말하는가?
- 위의 세 가지 소견 중 한두 가지만 나타난다면 배신의 상이 아닌가?
- 위의 세 가지 소견이 다 나타나면 무조건 배신할 사람이라고 낙인찍어도 되는가?

∙ 위의 세 가지 소견이 다 나타나지 않으면 그런 사람 다 믿
  어도 되는가?

'배신의 상'이라는, 당하는 당사자에게는 참으로 심각한 중
요 사안에 대해 이런 식의 허접한 기술을 한 사람은 위의 질
문들에 대해 얼마나 자신 있게 답할 준비가 되어 있을지 궁금
하다. 세상의 영웅호걸들이 누구 손에 죽어갔는가? 적군의 손
에 죽은 사람보다 아군의 손에 죽은 사람이 훨씬 많다.
  박정희 대통령은 최측근 중앙정보부장의 총에, 율리어스 시
저는 믿음의 마지막 보루였던 브루투스의 칼에 죽었다.
  멀리 갈 것도 없이 작금의 현실을 보자.

  박근혜 대통령, 오늘날 누구에 의해 저 꼴이 되어 있나? 본
인이 자신의 죄를 시인했나? 아니다. 문제가 터지자 가장 믿
었던 최측근들의 열린 입을 통해 옴짝달싹할 수 없을 만큼의
쇠사슬에 감기게 되었고 그동안 온갖 단맛 다 빨아먹던 기생
충 같은 자들 중 어느 누구 하나 주군 살리겠다고 입에 자물
쇠 채우는 놈 없다.
  이명박 대통령, 그렇게 완벽하게 숨긴다고 숨겼던, 지금껏

잘 넘어왔던 비밀들이 그렇게 믿었던 최측근 인사들의 입을 통해 허망할 정도로 쉽게 술술 새 나오고 있는 꼴을 보니 이 또한 철창신세 면하기 어렵겠다. 그리고 보면 정태수, 장세동 같은 사람 참으로 대단한 인물들이다. 요즈음 같은 세상에선 차라리 이런 사람들이 그립다.

　그들은 왜 그렇게 처참할 정도로 배신을 당했을까? 그들이 관상을 몰라서, 용한 관상가가 옆에 없어서 그렇게 당했을까? 관상에 대해 몰랐다 해도 오랫동안 가까이 두고 보아오면서 그 속을 누구보다 잘 아는 사람들 아닌가? 그래도 당하는 게 인간이다. 왜? 사람의 마음은 항상 살아 움직이기 때문이다.
　영원한 약속, 영원한 사랑? 사람의 마음 앞에 영원이란 단어는 존재하지 않는다. 그래서 세상에서 가장 알 수 없는 것이 앞으로 변할 사람의 마음이다. 그런데 관상 한 번 보고 미래의 배신자를 골라낸다? 헛소리!
　관상에 관해서는 조선시대의 한 관상가가 평생을 바친 연구 끝에 쓴 저서 맨 마지막에 에필로그로 적었다는 다음의 글귀가 가장 바른 답인 것 같다.

족상(足相) 보다 수상(手相)이 낫고

수상(手相) 보다 관상(觀相)이 낫고

관상(觀相) 보다 심상(心相)이 낫다

01

바로 보고 바로 판단하라

지금껏 우리는 외모판단의 당위성과 근거, 외모가 주는 정보 및 그 판단의 한계성에 대해 두루 살펴보았다.

사람의 외모는 많은 것을 나타내주지만, 거기에는 적지 않은 허상이 섞여 있고, 우리의 눈은 그걸 잘 감별해낼 수 있을 만큼 정확하지도 않다. 게다가 우리 뇌는 각색도 잘한다.

그러면 지금부터 어떤 눈으로 바라볼 것인지에 대해 정리해보기로 하자.

지난날을 되돌아보면 20대에서 40대까지는 참으로 쉽게 판단했던 것 같다. 얄팍한 관상에 대한 지식과 그동안의 경험과 육감으로 외모를 보고 사람을 판단하고 분류했다.

이제 60대 중반을 넘긴 나이에 이르러 그동안 사회생활 하면서 이런 사람 저런 사람 겪어보고, 35년간 키운 제자들 변해가는 모습을 보다 보니 내 사람 보는 눈이 얼마나 형편없었는지 알 만하다.

의학적 측면에서 돌아보면, 1980년대 초 전문의 따고 막 대학에 부임하여 한 10년간은 자신감에 넘쳐 있었다. 필자의 진단은 항상 간단 명료 명쾌하였다. 감별 진단도 잘 붙이지 않았다. 그런데 잘 맞았다. 다른 사람들이 자신의 진단명 앞에 아마도(probably), 의심스러운(suspicious), 의심되는(suspected) 같은 자신 없는 수식어를 자주 쓰면서 감별해야 될 진단명까지 몇 개 우르르 붙여놓은 걸 보면 화가 났다.

"아니, 임상 의사들이 임상소견만으론 잘 몰라서 보다 정확히 진단하자고 초음파, CT, MRI 찍었는데 이렇게 도망가는 판독을 해놓으면 그 사람들 환자 어째 보란 말이고?!"

그래서 타과 선생들이 내 판독 나오기를 손꼽아 기다리다 내 판독문이 뜨면 그것을 보고 치료방향을 결정하는 경우가 많다는 소문이 심심찮게 들려왔다. 그래서 자신감은 점점 늘어갔다. 하지만 이런 환자 저런 환자 처음 겪는 환자 세상에 듣도 보도 못한 환자들을 경험하면서 틀리는 진단이 하나둘 늘어가자, 세월이 갈수록, 경험이 쌓여갈수록, 나의 판독문은 신중해져 갔다.

이런 이야기를 하는 이유는 필자의 사람 보는 눈이 이와 꼭 닮았다는 생각이 들어서이다. 인생의 경험이 일천할 때는 요행히 10명 중 7~8명이 들어맞아 내 눈이 참으로 정확하다고 생각했는데 그 대상이 늘어날수록 틀리는 경우도 늘어갔다.

전공의 수련기간 동안 "저 친구 참 괜찮은 친구야" 하면서 남다른 애정을 주었던 제자는 수련 과정을 마치고 나가서 적지 않은 세월이 흘렀을 때 십 중 칠팔은 나를 실망시켰고, "저 친군 왜 저래!" 하며 탐탁지 않게 대했던 제자 중 둘셋은 홀대했던 나 스스로를 부끄럽고 미안하게 만들었다.

또한 은혜를 베풀었던 사람들로부터 "아니, 네가 어떻게 나한테 이럴 수가!?" 하는 기막힌 일도 당해보고 철석같이 믿었던 사람들로부터 등에 칼 꽂히는 더 기막힌 일도 당하고 살다 보니 갈수록 내 사람 보는 눈에 회의가 왔다.

지난날 되돌아보며 그 이유를 곰곰이 생각해본다. 그리고 이제 깨닫는다. 사람의 외모는 많은 것을 나타낸다. 하지만 그 상에는 적지 않은 허상(虛像)이 섞여 있고 우리 눈은 그것 모두 명확히 감별해낼 만큼 정확하지 않다. 또한 우리의 눈은 그렇게 믿을 만한 게 못 된다. 있는 모습 그대로 받아들이지 못하고 일일이 뇌가 각색을 해서 받아들인다. 사람을 바라보면서 내 딴엔 객관적이고 정확한 눈으로 본다고 생각했던 것들이 실은 타고난 내 기질, 내 기호, 내 가치기준의 잣대로 바라보고 판단하고 구분한 것이다. 나의 호(好) 불호(不好)를 다른 사람의 정(正) 부(否)로 착각한 것이다.

이제 이 나이 되어서 사람을 바라볼 때 다음과 같이 보려고
노력한다.

관상(觀相)보다 언행(言行)이 낫고
언행(言行)보다 세월(歲月)이 낫고
세월(歲月)보다 이별(離別)이 낫다

그럴 듯한 외모에 현혹되지 말고
못나 보이는 외모에 편견 갖지 말고
말과 행실 두루 살펴 사람 중심 밝히 보자.

많이 보고 많이 배워라

○ 자연
○ 독서

자연에는 우리가 알고자 하는 모든 비밀이 숨어 있다. 그것은 '자연의 법칙'이란 형태로 존재한다. 이 수많은 자연의 법칙 중 '황금률과 아름다움과의 관계'란 베일 자락 하나만 살짝 들추어서 자연이 우리에게 보여주는 위대한 가르침을 들여다보기로 하자.

자연과 인간의 탄생원리

어느 날 TV를 보는데 두 여배우가 나왔다. 한 사람은 예뻐 보였고 한 사람은 못나 보였다. 그러자 문득 이런 생각이 들었다. 다 같은 사람인데, 둘 다 고만고만한 얼굴면적에 눈, 코, 귀, 입 다 붙었고 어디 한 곳 비뚤어진 곳도 없는데, 왜 한 사람은 예쁘다 느끼고 한 사람은 못났다 느끼는가? 도대체 나는 어떤 기준으로 사람을 그렇게 구분하는가? 그런데 황당한 것이 다른 사람도 아니고 본인이 스스로에게 던진 질문에 대해 기껏 한다는 말이 "이유는 모르겠고, 마~~ 그렇다." 라는 것이 아닌가! 나처럼 논리적으로 따지기 좋아하는 사람이 이유를 모르겠다니! '그렇다면 그 이유를 알아야 할 것 아닌가?' 하는 생각에 먼저 국어사전을 찾아보았다.

[아름답다] → '즐거움과 기쁨을 줄 만큼 예쁘고 곱다'

한마디로 황당하다. 그러면 예쁘다는 건 뭔가?

[예쁘다] → '눈으로 보기에 좋고 사랑스럽다'

역시 도움이 안 된다.

이번에는 영영사전을 찾아보았다.

[Beautiful] → '감각을 즐겁게 하거나 지적 혹은 감성적 감탄을 유발시킬 만큼 흥분되게 하는 것'

(delighting the senses or exciting intellectual or emotional admiration)

이건 무언가 고상하게 접근하긴 했는데 감이 안 오기는 마찬가지다.

마지막으로 일본어 사전을 찾아보았다.

[美しい] → '아름다운 것' '아름다움' '좋은 것' '멋진 것'

(美しいこと。美しさ。よいこと。りっぱなこと)

마지막 희망이었던 일본어 사전은 나를 더욱 배신한다.

놀랍다. '아름답다'는 말을 떠올리면 누구나 감이 오는데 심지어 어린 아이들도 "언니 예뻐?" "이것 예뻐?" 하면 "예" "아니오"로 바로 답이 나오는데 이렇게 쉬운 개념을 막상 풀어서 설명하려니 왜 이리 어려워지는 걸까? 그것도 국적을 불문하고 말이다.

'아름다움'이란 개념을 파악하는데 사전조차 도움이 되지 않아 실망하던 차에 황금률에 대한 생각이 퍼뜩 떠올랐다. 그렇지, 아름답다는 게 무언지는 잘 몰라도 아름다움에 대한 기준은 있으니 이것을 잘 추적해 가면 거꾸로 그 개념에 도달할 것 아니겠나!

황금률(黃金律), 황금분할 혹은 황금비(黃金比)라 불리는 이 개념은 말 그대로 가장 이상적인 혹은 아름다운 비율 내지 분할을 나타내고 그 값은 1.618:1이다. 인간은 언제부터 이 비율을 가장 이상적인 것으로 여기게 되었을까?

훗날 황금률이라 부르게 된 이 비율에 대해 맨 처음 언급한 사람은 기원전 300년경에 살았던 그리스 수학자 유클리드(Euclid)다. 그는 하나의 직선을 그어놓고 이 중 어디다 점을 찍으면 가장 이상적인 분할이 될까 하는 의문을 가지고 풀어나가다 긴 선분 대 짧은 선분의 비율이 8:5 혹은 1.6:1에 근접한다는 사실을 알게 되었고 이를 외중비(The extreme and mean ratio)로 분할되었다고 정의하였다.

이후 자연과학자들이 자연을 관찰하다가 이러한 비율이 자연과 자연현상에 두루 산재해 있는 것을 알게 되었고 유클리드로부터 약 1800년 후인 1509년에 이르러 이탈리아 수학자 파치올리(Pacioli, L.)가 이러한 비율을 '신성한 비율(Divine proportion)'이라고 명명하였다. 그 후 이러한 비율은 여러 이름으로 불리다가 1835년 독일 수학자 옴(Ohm, M.)이 그의 저서 《순수기초수학(Die reine Elementar-Mathematik)》에서 der Goldene Schnitt, 즉 황금분할(golden section)이란 이름으로 표현한 후 지금까지 황금률 혹은 황금분할이란 이름으로 내려온다.

결과적으로 오늘날 우리가 황금률이라 부르는 개념은 어느 누가 어느 한 시점에 황금률이란 독창적 개념을 발표하여 그렇게 정한 것이 아니라 2,000여 년에 걸쳐 여러 분야의 많은 학자들이 다양한 사물을 관찰하고 연구한 결과 이러한 비율이야말로 가장 이상적인 아름다움의 근간이라고 받아들여진 개념이다.

  그러면 왜 우리는 위의 비율을 이상적인 비율, 아름다움의
근간이라 받아들이는 걸까?
  우리는 왜 이러한 비율을 기준점으로 정해놓고 여기에 근접
한 것은 아름답다 하고 여기서 벗어날수록 그렇지 않다고 느
끼는 걸까?
  우리가 어릴 때부터 그렇게 느껴야 한다고 부모로부터 끊임
없이 세뇌를 받아서 그런가? 아니면 학교에서 황금률에 대해
수업 받고 그렇게 받아들여야 한다고 강요받아서 그런가?
  아니다. 필자는 어린 시절 부모로부터 황금률이란 말 자체
를 들어본 적 없고 학교에서도 (혹시 미술시간에 들어보았는지 모
르겠지만) 황금률에 대해 배워본 기억이 없다.

  누가 가르쳐주지도 않았고 강요하지도 않았는데 왜 우리는
사람이나 사물을 '예쁘다' '못났다'로 구분하고, 그에 대한 판
단기준도 다들 비슷한 걸까?

  위의 문제를 풀기 위해서는 '황금률'이란 개념이 어디서부터

나왔는지를 다시 한 번 생각해보는 것이 좋을 것이다.

우리가 황금률이라 부르는 것은 인간이 어떤 법칙을 만들어 내어 그 잣대를 아무데나 들이댄 것이 아니라 자연 속에 이미 존재하고 있던 어떤 법칙을 인간이 오랜 연구 끝에 알아낸 것 일 뿐이다.

그러면 자연 속에는 어떤 형태로 황금률이 숨어 있을까?

자연 속에 숨어 있는 황금률을 이해하기 위해서는 피보나치 순열(수열)에 대해 알아야 한다. 이탈리아 수학자 피보나치 (Leonardo Fibonacci)는 1202년 발간된 《산반서(Liber Abaci, Book of calculation)》라는 책에서 다음과 같은 수학 문제를 하나 냈는데 이것이 오늘날 우리가 피보나치란 이름을 기억하 는데 가장 큰 공헌을 하게 된다.

문제

어떤 사람이 토끼 한 쌍을 사방이 벽으로 둘러싸인 장소에 두었다. 토끼는 갓 태어난 지 한 달 후면 임신을 할 수 있고 수태기간은 한 달이다. 만약 이들이 매달 한 쌍의 새끼를 낳

고 이들에서 태어나는 새끼들 역시 매달 한 쌍의 새끼를 낳는
다면 1년 후에는 몇 쌍의 토끼가 있을까?

답은 233쌍이고 매달 불어나는 숫자는 다음과 같다.
1, 2, 3, 5, 8, 13, 21, 34, 55, 89, 144, 233

이 문제의 답에 나오는 수의 나열이 그 유명한 '피보나치 수
열'인데 이 문제를 낸 피보나치는 당시 유럽보다 훨씬 앞선 인
도-아라비아 수학을 서방세계에 알릴 목적으로 이런 셈본 문
제를 올린 것뿐인데 후대의 학자들이 여러 관찰을 통해 이런
수의 나열이 황금률의 근간이 된다는 사실을 알게 되어 '피보
나치 순열'이라 이름붙인 것이다.

이 숫자의 나열에는 일정한 규칙이 들어 있다. 앞의 두 수
를 더하면 다음 수가 되고 앞 뒤 수를 나누면 어디서나 대
략 1.6:1이 되고 진행되는 숫자가 무한대에 가까워질수록
1.618:1에 가까워지는데 이 비율이 바로 황금률에 해당한다.

그러면 지금부터 피보나치 수열과 황금률이 어떤 형태로 자연 속에 존재하는지 살펴보기로 하자.

1, 2, 3, 5, 8, 13, 21, 34, 55, 89

이러한 수열의 대표적인 예는 꽃잎의 숫자다.

꽃잎이 한 장인 꽃도 있나? 있다. 칼라릴리는 꽃잎이 한 장이다. 그리고 등대풀은 두 장, 붓꽃은 세 장, 무궁화는 다섯 장, 코스모스는 여덟 장, 시네라리아는 13장, 치커리는 21장, 데이지는 34장, 국화과는 55장이나 89장이다.

이뿐 아니라 나무가 가지를 쳐나갈 때 가지치기 방식도, 나무줄기에 잎이 붙는 잎차례도 이런 규칙을 따른다.

해바라기씨도 그냥 아무렇게나 박혀 있는 것이 아니다. 씨방 내 씨앗의 배열은 시계방향과 시계반대 방향으로 서로 교차하는 나선형으로 되어 있다. 두 나선형의 수는 시계방향이 34개, 반대방향이 21개로서(꽃이 클수록 위의 숫자는 증가한다) 그 비율이 1.6:1, 황금률로 되어 있다.

두 나선형 사이의 각도는 제일 바깥쪽 교차점이 137.5도인데 이 각도를 황금각이라 한다.

해바라기씨가 연출하는 황금나선은 솔방울, 파인애플 껍질 등에서도 볼 수 있고 달팽이집, 고둥껍질, 태풍의 눈, 은하계의 모양에도 나타난다.

이와 같이 자연계에는 땅 위의 동식물뿐만 아니라 땅 아래 물속의 것들에도 하늘과 땅 사이에 일어나는 자연 현상에도 그리고 하늘 위 별들의 세계에까지도 이러한 법칙이 숨어 있는 것이다.

그러면 인간은 어떨까?

인간 역시 마찬가지다. 우리가 익히 아는 레오나르도 다빈치(Leonardo da Vinci, 1452-1519)는 가장 이상적인 몸매를 가졌다고 생각되는 사람을 대상으로 신체 각 부위를 자와 컴퍼스로 실측하여 인체 역시 관절 하나하나, 마디 하나하나 철저히 황금률에 따라 만들어졌다는 사실을 밝혀냈다.

어디 이것뿐이랴? 사람의 귓속 내이(內耳)에는 달팽이집을 꼭 닮은 달팽이관이 있고 인간의 모든 형질을 결정하는 DNA

의 구조도 황금나선과 황금각을 이룬다.

그 결과 우리는 이 세상 무엇이든 자연을 닮아 자연스러울 때, 내추럴(natural, nature + al)할 때 누가 가르쳐주지 않아도 아름답게, 편안하게 느끼는 것이고 이러한 자연의 법칙에서 벗어날 때 우리는 아름답지 않다, 부자연스럽다고 느끼는 것이다.

이러한 사실이 시사하는 바가 무엇일까?

수많은 자연의 법칙 중 황금률이란 법칙 하나만 보더라도 삼라만상은 자연 인간 할 것 없이 같은 원리, 같은 법칙에 따라 만들어졌다는 사실이다.

자연의 운행원리

밤하늘을 올려다보면 별이 빛나고 있다. 밤하늘을 수놓은 보석처럼 영롱한 그 잔잔한 수많은 별들을 보고 있으면 가슴이 떨린다. 내 별은 어디에 있을까? 내가 살고 있는 지구라는 이 별은 다른 곳에서 보면 어떻게 보일까? 그러다가 '저렇게 많은 별들이 그렇게 빠른 속도로 돌다 보면 쉴 새 없이 서로 부딪치고 폭발해서 매일 밤 굉음과 함께 불꽃으로 밤하늘을 물들일 텐데 무슨 원리로 저렇게 질서를 유지하며 아름답게 빛나고 있을까?' 라는 생각이 드는 순간 냉철한 과학의 세계로 빠져든다.

지구는 태양계 속의 조그마한 별로서 태양 주위를 공전하는

8개의 행성 중 하나다. 태양계는 은하계의 한 일원으로서 은하계는 수천억 개 이상의 별, 가스성운, 암흑성운 등으로 이루어지고 이 속에는 태양과 같이 스스로 빛을 발하는 항성만 약 1,000억 개가 있다.

이러한 은하계 또한 우주의 한 단위일 뿐 우주는 수많은 은하로 구성되어 있다 하니 우리가 머물고 있는 지구라는 별은 우리의 상상을 초월하는 무한한 시공간 속의 한 작은 점에 불과한 것이다.

하지만 태양 주위를 돌고 있는 작은 행성에 불과한 이 지구도 그를 따라 도는 달이라는 위성과 함께 태양과 지구와 달 사이에 존재하는 보이지 않는 힘과 정교한 법칙에 따라 한 치의 오차도 없이 어제도 오늘도 똑같이 돌아가고 있다.

지구는 태양 주위를 365일 만에 한 바퀴 돌고 달은 지구 주위를 28일 만에 돌고 지구는 24시간 만에 팽이처럼 스스로 한 바퀴 돌면서 서로 톱니바퀴처럼 맞물려 돌아간다. 지구가 태양을 한 바퀴 돌고 나면 1년치 캘린더가 떨어져나가고 지구가 혼자서 한 바퀴 돌고 나면 하루가 지나가고 달이 지구를 한 바퀴 돌고 나면 대략 한 달이 지나간다.

지구는 태양을, 달은 지구를 일정한 주기로 돌다 보니 아침이면 해가 뜨고 저녁이면 달이 뜬다. 뜨는 달은 항상 같은 모양이 아니라 때를 따라 초승달, 상현달, 보름달, 하현달, 그믐달의 형태로 변신을 해가며 인간의 감성과 상상력을 자극하고 때로는 눈물을, 때로는 한숨을, 때로는 낭만을, 때로는 기쁨을 선사한다.

태양은 어떠한가? 지구의 일부 지역을 제외하고는 우리에게 사계절을 선물한다. 하지만 이러한 계절의 변화도 지구의 자전축이 수직이면 있을 수 없다. 지구가 23.5도라는 절묘한 각도로 기울어서 돌아가기에 가능한 것이다. 이 각도가 없었다면 어느 나라나 일 년 내내 한 가지 계절만 맛보아야 할 것이다.

우리는 지구라는 둥근 공 위에 붙어산다. 그 공이 가만히 있다 해도 둥근 공의 옆이나 아랫동네에 사는 사람들은 그 공에서 떨어져 나가지 않고 계속 붙어 있을 재간이 없다. 그런데 지구는 초속 29,783km의 속도로 태양 주위를 공전한다. 인간 총알이라는 사람이 죽을힘을 다해 달려도 1초에 고작 10m

뛴다. 그런데 지구는 1초에 29,783,000m를 쉼 없이 달린다. 그것도 그냥 달리는 게 아니라 초속 465m의 속도로 팽이처럼 뺑뺑이까지 돌면서 말이다.

　이런 무지막지한 공 위에 붙어살면서 그 공에서 튕겨나가기는커녕 공이 돌아가고 있는 것조차도 못 느끼고 살아가고 있는 건 무슨 조화일까? 그것은 바로 지구가 우리를 잡아당기는 인력, 즉 중력에 의해서이고 지구가 태양에, 달이 지구에 부딪치지 않고 일정한 거리를 두고 돌아가는 것도 서로 밀고 당기는 힘, 만유인력에 의해서다.

　또다시 자연이 우리에게 속삭인다. 인간은, 자연은, 우주는, 삼라만상은 만들어질 때도 철저한 계산에 따라 만들어졌지만 그 운행 또한 너무나 정교한 법칙에 따라 질서정연하게 돌아가고 있다는 것을. 그 덕분에 밤에는 달과 별이 흐르는 고요한 밤하늘을 감상하고 아침에는 눈부신 아침햇살에 현기증 없이 눈을 뜨며 때를 따라 곱게 물든 단풍에 가슴이 물들고 소임을 다한 낙엽을 안타까운 마음으로 밟으며 오늘도 나의 삶의 터전으로 발걸음을 옮길 수 있는 것이다.

과학이란 무엇인가

　오늘날 인간은 스스로 감탄해마지 않을 정도로 과학을 발전시켰다. 그리하여 인간은 이제 신의 자리를 넘볼 정도까지 된 것 같다. 과학이 무엇이기에 인간을 그렇게 위대한 존재로 만들었을까? 과학(科學)은 광의의 의미에서는 학문을 지칭하므로 인문학과 자연과학을 포함하고 우리가 일반적으로 과학이라고 받아들이는 의미는 자연과학을 지칭한다. 자연과학이란 말 그대로 자연(自然)을 다루는 학문이다. 자연을 다룬다는 말은 자연의 이치를 연구한다는 말이고 이치를 알기 위해선 그 돌아가는 원리를 알아야 하는데 그 원리를 탐구하는 학문이 곧 과학이다.

과학은 어떻게 발달해왔을까? 인간이 똑똑해서 단번에 그 원리를 깨달아버렸을까? 아니다. 우리는 언제나 자연이 주는 힌트를 보고 자연이 낸 퀴즈문제, 즉 자연의 법칙을 하나하나 풀어가면서 자연이 돌아가는 원리를 조금씩 현재진행형으로 깨달아온 것뿐이다. 무슨 근거로 그런 말을 하느냐고 묻는다면 대답할 말은 많지만 한 가지 예만 가지고 설명해보자.

인간이 지구라는 별에 나타난 것이 얼마나 오래되었는지 정확히 알 수는 없지만 현생인류인 호모사피엔스(Homo sapiens)만 따져도 20만 년 이상이다. 하지만 만물의 영장이라고 스스로 자부하는, 참으로 똑똑하다는 인간이 하늘을 날기 시작한 것이 얼마나 될까? 놀랍게도 그것은 130년이 채 안 된다. 20만 년 중 130년이라면 퍼센트로 따지면 0.00065%, 세월로 따지면 점 하나 찍을 시간도 안 된다. 왜 그랬을까? 그 똑똑하다는 인간이!

오랜 세월 두 발을 땅에 딛고 살아온 인간들은 두 발이 땅에서 떨어지는 순간 함정에 빠지거나, 낭떠러지로 떨어지거나, 물에 빠져 목숨을 위협받았기 때문에 발을 땅에서 떼어 하늘로 솟아오른다는 건 상상도 못하고 19만 9870년 이상을 땅만 보고 살아온 것이다.

그러다가 1891년 오또 릴리엔탈(Otto Lilienthal)이란 용감한 한 독일인이 인류 역사상 처음으로 글라이더(Glider)라는 날틀을 만들어 언덕에서 뛰어내렸다. 이를 시작으로 1903년에는 미국의 라이트 형제(Orville & Wilbur Wright)가 공기보다 무거우면서 풍향과 상관없이 사람의 의지대로 조정이 가능한 동력비행기를 만들고 오늘날은 인공위성으로 달나라, 별나라까지 마음대로 나다니게 되었다.

여기서 한번 가정해보자.

저 하늘을 나는 새가 없었더라면 인간은 과연 날 생각이나 해보았을까? 비록 날 생각을 한 사람이 있었다 하더라도 저 하늘을 나는 새가 없었더라면 인간은 과연 날틀을 만들 수 있었을까?

릴리엔탈은 날틀을 만들기 이전에 먼저 새가 어떻게 날 수 있는지에 대해 면밀히 관찰하고 연구한 후 새의 날개를 본뜬 날틀을 만들어 발을 땅에서 떼어 공중에 떠 있는 최초의 인간이 되었다.

공중을 나는 새가 있었기에 그 새를 보고 우리도 날 수 있다는 꿈을 꿀 수 있었고 그 새의 형상을 본떠서 날틀의 원형(原形, prototype)을 만들 수 있었고 그 새의 나는 모습을 보고 공중을 나는 원리를 터득하게 된 것이다.

이와 같이 과학이라는 것은 인간이 이 세상에 존재하지 않던 사실을 새로이 알아내고 무언가를 창조하는 것이 아니라 자연이 주는 힌트를 보고 자연을 모방해서 자연 속에 내재된 자연의 섭리를 하나하나 배워가고 알기 쉽게 설명하며 실생활에 응용해가는 과정일 따름이다.

자연의 섭리와 인간의 도

요즘 한 스님의 즉문즉설이 큰 화제다. 한 지인이 그 스님의 즉석문답 동영상을 카톡으로 보내주었는데, 그걸 보고 배를 잡고 크게 웃었다. 그렇게 처음엔 재미로 나중엔 마음공부의 목적으로 보게 되었는데 볼 때마다 묻는 사람과 대답하는 사람에게 감탄을 금치 못한다.

묻는 사람에겐
"바람난 며느리가 집을 나갔는데 어떻게 해야 할까요?"
"우유부단한 성격을 어떻게 하면 고칠까요?"
"여자만 보면 마음이 동하는데 어떻게 해야 할까요?" 같은 도저히 스님에게 물을 게 아닌, 황당한 질문의 내용에 놀라고,

대답하는 사람에겐

즉석에서 하는 온갖 시시콜콜한 세상사에 관한 고민에 대해 어쩌면 그렇게 거침없이 명쾌한 답을 자신 있게 내놓을 수 있는지에 놀랐다.

스님이 누구인가? 속세를 떠난 사람들이다. 세상사 경험해 보지 못한 사람들이다. 그들 모두 자식 역할은 해보았으나 다른 역은 해본 적이 거의 없는 사람들이다. 그런데 대답하는 걸 보면 마치 그 온갖 역할 다 해본 것처럼 말하는데 별로 트집 잡을 말이 없다.

오히려 "아니 우째 저래 잘 아노? 장가도 안 가 본 사람이!" 하면서 놀라고, 실타래처럼 얽히고설킨 그 기막힌 사연들 앞에 내놓는 명쾌한 해답에 놀란다. 한마디로 한 도(道)가 통한 사람이다.

그 도는 무얼 통해서 얻었을까?

아마도 경전과 기도나 선(禪)을 통한 것이리라. 하지만 이 두 가지는 투자하는 시간과 정성의 차이는 있을지언정 일반 신자들도 할 수 있다. 게다가 신자는 실제 세상살이를 하고 있는 사람들이다. 그런데 왜 신자들 중에는 이런 도인(道人)이 잘 나오지 않고 세상살이 해본 적 없는 승려는 어떻게 저렇게 훤하니 꿰뚫고 있을까? 그 해답은 어디에 있는가?

이런 화두로 묵상을 하던 중 사람 사는 거주지에 대해 생각이 이르자 한 가지 답이 떠올랐다. 그들은 어디에 사는가? 산속에 산다. 그렇다! 속세 사람들은 마을에서 사람 속에 부대끼며 살고 스님들은 산 속에 산다. 그들은 자연 속에서 자연을 보며 자연을 느끼며 자연의 가르침을 들으며 깨달아온 것이다.

오래 전 어딘가에서 읽은 이야기가 생각난다. 스님이 되고자 처음 머리 깎고 절에 들어가면 일정 기간 동안은 나무하고 군불 때고 청소하고 밥하고 등등 온갖 허드렛일만 시키는데 그 와중에 하루 한 번은 계곡에 나가 앉아 있으라 한단다. 계곡 바위에 앉아 물 흘러가는 것만 보고 있어도 거기서 깨우치는 도가 스무 가지가 넘는다고.

나는 스님들이 흐르는 계곡물을 바라보고 깨닫는 도가 구체적으로 무엇인지 모른다. 하지만 나 같은 범인(凡人)도 흐르는 물을 보고 깨닫는 바가 한두 가지가 아니다. 그 중 몇 가지만 예를 들자.

● 물은 위에서 아래로 흐른다

물이 높은 곳에 있을 땐 방울로 존재하지만 아래로 내려올수록 굵은 줄기로 변하고 낮아질 대로 낮아지면 큰 바다를 이룬다.

예수님도 높디높은 하늘보좌에서 내려와 낮디낮은 땅위에 임했을 때 죄사함을 통한 구원의 역사를 성취하셨다.

스스로 높아지려고 하는 자는 낮아질 것이요 낮아지고자 하는 자는 높임을 받을 것이다.

못된 똥덩어리 낙동강 물 거슬러 올라가듯 뭐든 억지로 무리하게 하지 말고 세상만사 물 흐르듯 순리대로 행하라. 순리를 거스를 때 눈물의 씨앗은 싹이 튼다.

● 물이 흐르다 바위를 만나면 돌아서 지나간다

물은 자신의 앞길을 가로막는 돌을 원망하거나 그 앞에 멈춰서서 싸우려 하지 않는다. 돌을 움직이거나 뚫고 갈 힘이 없으면 말없이 돌아간다.

계란으로 바위치지 말라. 힘 기르기 전에 권위자에게 함부로 대적하지 말라. 무언가를 이루기 위해선 힘센 자 앞에서 머리 숙일 줄 아는 용기도 때를 기다릴 줄 아는 인내도 필요한 것이다.

● **물이 바위를 돌아갈 때 그냥 지나가는 것이 아니라 그 모서리를 조금씩 깎으며 흘러간다**

긴 세월이 지나면 자그만 돌들은 모서리가 다 닳아 몽글몽글한 몽돌이 된다. 그 강한 돌도 무르기 짝이 없는 물에 의해 뾰족뾰족한 모서리가 깎여나간다. 뾰족한 모서리 깎으려고 더 강한 돌로 내려치면 또 다른 뾰족함만 더할 뿐이다. 강한 것을 변화시키는 것은 강함이 아니라 부드러움이다. 비록 느리긴 해도 가랑비에 옷 젖고 세월 앞에 장사 없다.

이렇듯 자연은 자신의 운행법칙과 그 섭리를 통해 인간만사 운행원리와 도(道)에 관해 말없이 온몸으로 보여주고 있다.

자연에 대한 인간의 자세

　이와 같이 자연과 인간은 같은 원리에 의해 지음받았고 같은 원리에 의해 운행된다. 자연과 인간은 하나다. 자연 속에 내가 있고 내 속에 우주가 있다.

　자연과 가까이하며 자연을 느끼고 자연을 사랑하며 자연의 품성을 닮아갈 때 인간은 죄 없는 본성(本性)을 점차 회복하며 참된 평안과 행복을 맛볼 수 있을 것이다.

　자연과 멀어질수록 인성(人性)은 피폐해져가고 자연을 인간의 욕망과 편의를 위한 도구로 삼고 훼손할 때 우리 삶의 터전도 사라져갈 것임을 명심해야 할 것이다.

02

많이 보고 많이 배워라

- 자연
- 독서

미 토크쇼의 여왕 오프라 윈프리는 "만일 당신이 내일 아침 오늘보다 더 나은 사람이 되어 깨어나고 싶다면 잠들기 전에 책을 펴 들고 단 세 쪽이라도 읽어라"고 말했고, 세계적인 부호 빌 게이츠는 "오늘의 나를 만든 것은 어린 시절 동네의 공공도서관에서 읽은 고전들이다"라고 했다.

안중근 의사는 "하루라도 글을 읽지 않으면 입안에 가시가 돋는다"라고까지 했다.

일본의 저력

　1984년 9월, 당시 나이 32세, 필자는 부산 발 동경 행 KAL 기 안에서 눈을 감고 앉아 이런저런 상념에 사로잡혀 있었다. 명목상의 방문 목적은 본원 암센터 개소를 앞두고 며칠간 동경 암연구소와 동경여자대학 암센터 등 일본의 유수한 센터들을 둘러보고 벤치마킹하는 것. 그때 나는 난생 처음 외국을 간다는 것에다 선진의학의 현장을 둘러본다는 기대감도 컸지만 그보다 더 가슴 설레는 것은 일본이 그렇게 발전하게 된 가장 큰 원동력이 뭔지 내 눈으로 직접 확인하는 것이었다.

　우리에게 일본은 어떤 나라였나? 반만년 우리 역사 중 4천8 백 년 이상 제대로 나라취급도 안 해주고 나라이름까지 왜(倭)

라 부르며 낮춰보았던 나라 아니던가? 그러던 나라가 우리나라를 식민지 삼고, 세계를 상대로 싸움을 걸고, 세상에서 유일하게 원자탄까지 맞고, 패전 후 온 나라가 잿더미가 되고, 패전국·전범국으로서 막대한 전쟁배상까지 해야 했던 나라가 전후(戰後) 40년이란 짧은 시간 안에 어떻게 저렇게 발전된 강대국이 되어 이젠 스스로 미국 다음가는 나라라고 큰소리치고 나올 정도가 되었는지? 도대체 그 원동력은, 그 괴력은 어디서 나오는지 참으로 궁금했던 것이다.

나리타공항에 도착 후 도쿄 시내로 들어와 차로 이동하면서 건물과 도로를 유심히 살펴보니 서울과 별반 다를 바 없었다. 병원을 방문하여 진단이 어려운 환자, 진단이 틀렸던 환자들을 내놓고 의사들끼리 열띤 토론을 벌이는 컨퍼런스에 참석했다. 한국에서 전문의 자격을 취득한 지 갓 1년 반 밖에 안 된 나였지만 그쪽 중견 스태프들과의 토론에서 전혀 밀리지 않았다. 또한 내 전공인 초음파실에 가서는 후진국에서 온 새파란 햇병아리 의사라고 눈을 내리깔고 건방을 떠는 초음파 경력 15년차 외과 의사와 방금 자신이 본 환자 진단과 관련하여 격렬한 논쟁 끝에 그 방에 파견 나온 다른 의사들 앞에서 코

를 납작하게 만들었다. 그러고 나니 '이거 뭐야? 아무것도 아
니잖아!' 하는 건방진 생각까지 들었다.

그러나 나의 이런 생각은 얼마 가지 않아 무참히 깨지고 말
았다. 전철을 탔을 때였다. 퇴근 무렵이라 전철 안은 붐볐다.
그런데 좌석에 앉아 있는 사람들은 말할 것 없고 서 있는 사
람들도 반 정도는 무언가를 읽고 있는 것 아닌가!
전철 안이 어떤 곳인가? 독서하기에는 최악의 장소가 아닌
가. 저녁시간이 어떤 시간인가? 하루 종일 일하고 다들 지친
시간 아닌가. 그런데도 저렇게 많은 사람이 이런 곳에서 이런
시간에 책을 읽고 있다니! 그래, 바로 이거야.
이 힘이, 이 엄청난 독서열(讀書熱)이 이 국민들을 일깨우고
이 나라를 이렇게 부강하게 만들었구나. 이런 독서열이 식지
않는 한 이 나라는 망하지 않겠구나. 무서운 나라다! 전율이
느껴졌다.

부끄러운 우리네 현실

여기서 퀴즈를 하나 내보자.

Quiz: 다음은 어느 나라와 어느 나라를 비교한 것일까요?

　　　① 한 달에 책을 한 권 이상을 읽는다 → 54%

　　　② 일 년에 책을 한 권도 안 읽는다 → 36%

답:　① 은 일본이고

　　　② 는 한국, 그 중에서도 제일 특별한 사람들이 사는
　　　　서울특별시다.

위의 통계 ①은 2008년 요미우리 신문이 일본국민을 상대
로 조사한 결과이고, ②는 2008년 서울시가 서울시민(15세 이

상, 2007년)을 대상으로 조사한 내용이다.

한국의 경우 그 이후에도 별반 달라진 바 없어 2016년 통계청에서 발표한 '한국인의 생활시간 변화'라는 보고서에 나오는 연평균 독서율은 65.3%다. 이 말을 뒤집으면 일 년에 책을 한 권도 안 읽는 사람이 34.7%라는 말이다. 간단히 말해서 한국사람 세 명 중 한 명은 일 년 내도록 책 한 권 안 읽는다는 말이고 좀 더 확대 해석하면 한국사람 세 명 중 한 명은 자신의 전공·업무와 관련 없는 일반 교양서적은 죽을 때까지 한 권도 안 읽는다는 말이다.

또 다른 지표를 하나 살펴보자. 위에 나온 통계청 자료에 따르면, 최근 5년간(2010~2015년) 가구당 월평균 소득은 꾸준히 올라 20.4% 늘었고 오락문화에 쓴 돈도 그에 비례해서 늘었는데 책 사는데 들어간 돈은 급강하여 24.1%나 감소하였다. 이것이 무얼 말하는가? 우리네 사람들이 먹고 노는 데는 돈 아까운 줄 모르고 쓰면서 자신의 지성과 감성과 영성의 건강과 성장과 성숙에 드는 투자는 아까워서 못 쓰겠다는 말 아니겠나?

지난 대선 때는 코미디 같은 일까지 일어났다. 사람들이 책 안 읽고 책 안 사니 당장 목구멍이 죄어오는 사람들은 책 찍어 먹고 사는 출판업자들이라 지난 대선기간 중 한국출판인회의에서는 없는 돈에 중앙일간지마다 대문짝만하게 광고를 내보냈다. 어느 날 이른 아침 화장실에서 따끈따끈한 조간신문을 들고 앉아 페이지를 넘기다 그 광고를 보고는 얼굴이 화끈거려 견딜 수가 없었다.

'책 읽는 대통령을 보고 싶다'는 카피가 다섯 명의 대선후보 사진위에 전부 찍혀 있었던 것이다. 우리네 국민들이 얼마나 책을 안 팔아줬으면 우리네 대통령들이 얼마나 책 읽는 모습을 안 보여줬으면 저런 절규에 가까운 광고를 내보낼까?

미국 대통령들은 책 많이 읽기로 유명하다. 오바마 대통령은 여름휴가 갈 때도 휴가지에서 읽을 책들을 한아름 사 들고 가고 그 목록은 공개되자마자 바로 베스트셀러 반열에 오른다. 매일 자기 전 1시간 동안 책을 읽는 사람이 휴가 가서 여가를 즐기는 방법이 독서라니! 책 안 읽기로 작정한 우리네 사람들에게야 가당키나 한 말인가?

또 한 사람 예를 들어보자. 미국 대통령이란 자리가 어떤 자리인가? 아마도 세계에서 가장 바쁜 자리일 것이다. 그런데 그 바쁜 와중에 아내 몰래 인턴 사원과 연애까지 하려면 오죽 바빴을까? 그런 그도 재임 시에는 연간 60~100권을 읽고 퇴임 후에는 연간 200~300권의 책을 읽었단다.

　불행하게도 나는, 홍보 부재 때문인지 몰라도, 우리네 대통령이 1년에 책을 몇 권 읽었다는 말을 지금껏 들어본 적이 없다. 그리고 급기야는 '책 읽는 대통령을 보고 싶다' 라는 광고가 신문에 대문짝만하게 뜨고 그 모델로 대선후보라는 사람들이 나와서는 마치 자랑스럽기라도 하다는 듯 천연덕스럽게 책 읽는 포즈를 취하며 일부는 영구 같은 미소까지 띄고 있는 2017년의 이 민망한 장면을 두고두고 잊지 못할 것 같다.

책을 읽지 않는 이유

 우리 선조들은 예로부터 무(武)보다는 문(文)을 숭상했고 선비는 하루 종일 아무 일도 않고 책만 읽었다. 양반들은 말할 것 없고 상민들도 밥은 굶어도 자신은 무식해도 자식들 서당에는 보냈다. 조선시대에는 세계에서 가장 질 좋은 종이로 최고의 인쇄술로 최고의 제본술로 최고 양질의 책을 만든 나라다.

 1866년 병인양요 때 프랑스 해군이 강화도를 쑥밭으로 만들고 약탈을 자행하면서 외규장각에 보존된 도서들을 대거 훔쳐갔다. 그들 눈에는 그저 동양의 한 가난하고 힘없는 조그만 미개국에 불과한 이 나라에 총칼 들고 쳐들어와서 그들은 왜 하필이면 책을 훔쳐갔을까? 그 속에 무슨 내용이 쓰여 있는지도 모르면서 말이다.

민가로 들어간 병사들 중 한 사람의 일기에도 흙으로 짓고 볏짚으로 덮어씌운 마치 돼지우리 같은 집(초가집)에 가져갈 것은 고사하고 먹을 것조차 변변히 없는 그런 집들 안에 눈에 번쩍 띄는 보물 한두 개는 꼭 있어 훔쳐갔는데 그것은 '책'이었다고 나와 있다. 서양문화의 종주국이라 자부하는 그들 눈에 조선이 만든 책은 민간의 족보책까지도 보물같이 훌륭한 것이었다.

세계에서 최고로 교육수준이 높고 자식 교육비를 세계에서 가장 많이 쓸 정도로 무모한 부모들이 사는 이런 우리나라 사람들이 언제부터 왜 책을 잘 안 읽게 되었을까?

그건 아마도 일제 강점기 때부터일 것이다. 우리말과 우리글을 빼앗기고 심지어 자신의 이름까지 빼앗기고 일본말과 일본글을 써야만 했던 시절에 뭐가 예쁘다고 일본어로 된 책을 읽고 싶었겠는가? 1945년에 드디어 해방이 되었지만 얼마 안 있어 6.25전쟁이 일어났다. 세계 전사(戰史)에서 가장 참혹한 전쟁 중 하나로 꼽히는 이 전쟁은 1953년 7월 휴전으로 끝이 났지만 남은 건 폐허뿐. 아침에 눈만 뜨면 온 동네에 거지와

팔다리 하나 없는 상이군인들이 걸식을 하고 다녔다. 대한민국은 1960년대에도 1인당 국민소득(GNP) 100불이 채 안 되는 세계 최빈국이었다.

전후 60년을 지나오면서 우리 국민들은 그저 굶어 죽지 않기 위해 죽도록 일만 했다. 전반전에는 우리도 한번 잘 살아보자고 밤낮으로 일했고, 후반전에는 이왕지사 탄력도 붙었겠다 멋지게 한번 누려보자며 어디로 가는지도 모르고 무조건 앞만 보고 정신없이 뛰어왔으니 어디 책 읽고 앉았을 여유나 있었겠나? 그러다가 이제 좀 기지개 펴고 살만 하니 슬슬 먹고 노는데 맛이 들어 텔레비전만 켜면 온통 먹방에다 예능 프로가 판을 친다.

게다가 텔레비전보다 훨씬 더 재미난 장난감이 하나 생겼으니 이름하여 스마트폰! '자나 깨나 불조심!'이 아니라 '자나 깨나 스마트폰!'인 세상이 되었다. 앉으나 서나 걸을 때나 운전할 때나 밥 먹을 때나 차 마실 때나 엘리베이터 안에서나 계단에서나 강의실에서나 예배실에서나….

늙으나 젊으나 그 손바닥만한 기계 앞에만 오면 평소에 목에 깁스(cast)하고 다니던 자들도 경건히 고개 숙이고 그에게 모든 걸 묻고 그가 시키는 대로 한다. 신(神)이 따로 없고 그가 곧 신이다. 그래서 예배시간에도 하나님 앞에 세워놓고 머리는 폰 앞에 숙이는 자가 많다.

사정이 이러하다 보니 좀비 세계도 변해서 원조 아이티(Haiti) 좀비보다 더 무서운 좀비가 나타났다. 이름하여 '스몸비(Smombie, smart phone + zombie).' 그들의 인구는 대한민국에만 1,300만 명, 그 번식력은 막을 길이 없어 이제 키즈 좀비(kids zombie)까지 생겨났다. 그들의 충성심은 어떤 종교의 신도보다 강해서 하루 평균 경배시간이 4시간에 이른다. 이리하여 오늘날 대한민국 사람들 하루 평균 독서시간이 6분 정도란다.

왜 책을 읽어야 하는가

인간이 스스로 깨달음을 얻는데 있어서 가장 큰 스승은 자연이다. 하지만 사람이 일생을 자연 속에서 보낸다 하더라도 100년이 채 안 되는 짧은 수명 때문에 그 깨달음에는 한계가 있을 수밖에 없고 그것을 다른 사람들에게 전수하는 데는 더 큰 제약이 따른다. 그 결과 사람은 오랜 세월 동안 천천히 아주 천천히 발전해왔다. 그러다가 문자가 만들어지고 종이가 만들어지고 인쇄술이 발달하면서 그 발전 속도가 기하급수적으로 빨라졌다.

독서란 다른 사람들이 많은 시간과 공을 들여 깨우친 것을, 일생을 통해 깨달은 것을, 책이란 매개체를 통해 간접적인 방

법으로 순식간에 습득하게 하는 요술방망이 같은 것이다. 이
얼마나 경이로운 일인가?

　인간의 구성요소를 여러 형태로 나눌 수 있겠지만 필자는
육성(肉性)과 감성(感性)과 지능(知能)과 지성(知性)과 영성(靈性)
으로 나누기를 좋아한다. 책 속에는 이 중 무엇에 관한 것이
있는가? 모두 다~ 있다.

　우리가 발을 딛고 서 있는 지구는 초속 465m라는 속도로
뺑뺑이를 돌고 있지만 중력의 힘으로 우리는 중심을 잡고 산
다. 지금 세상은 지구가 돌아가는 속도만큼이나 정신없이 돌
아간다. 매일매일 쏟아지는 정보의 홍수 속에 급변하는 세계
정세 속에 그것도 내일 무슨 일이 또 터질지 예측조차 할 수
없는 참으로 변화무쌍한 'Dynamic Korea' 란 나라에 살면
서 정신줄 놓지 않고 무게중심 바로잡고 살아가려면 어떻게
해야 할까?

　이에 오바마(Barack Hussein Obama II)가 답한다.

"내가 백악관 생활 8년을 버틴 힘은 매일 자기 전에 하는 한 시간의 독서였다. 일이 급하게 돌아가고 숱한 정보가 난무할 때 그 속도를 늦추고 다른 입장에서 생각하게 하는 능력을 준 것은 바로 독서였다."

앞으로 인공지능 로봇이 판을 치고, 일 년 후에 세상이 어떻게 변할지 가늠할 수조차 없는 제4차 산업혁명 시대를 살아갈 우리들에게 독서는 선택사항이 아니라 필수조건이다.

자연을 가까이 책을 가까이

자연은 우리에게 삼라만상의 탄생원리와 운행법칙을 가르친다. 우리는 그 가르침을 통해 세상살이의 원리와 도를 배운다. 독서는 이에 관해 깨우친 선조들의 축적된 선험적 지식과 지혜를 책이라는 매개체를 통해 간접적으로 전달한다.

이제 우리 틈만 나면 아이들을 데리고 들로 산으로 강으로 바다로 숲으로 가자.

그들로 하여금 자연을 직접 보고 듣고 맡고 만지고 대화하면서 느끼고 사랑하고 친구되게 하자. 한두 평짜리 조그만 주말농장이라도 마련하여 데려가보자. 스스로 씨앗 심고 물주고 호미질하며 돌보게 하여 싹이 돋고 줄기가 올라오고 가지가 치고 잎새가 나오고 꽃이 피고 열매 맺는 과정을 체험하면서 생명의 소중함을 깨닫게 하자. 그리하여 아이들로 하여금 자연을 닮은 심성을 갖게 하자. 맑고 밝고 꾸밈없고 거짓없는 그 해맑은 심성 말이다.

아이들 손에 폰 대신 책을 쥐어주자.

폰은 보고 책은 읽는다. 보는 것과 읽는 것은 차이가 있다. 보는 것(seeing)은 주로 느끼는 것(feeling)이고 읽는 것(reading)은 생각하는 것(thinking)이다. 보고 느끼는 것은 대뇌피질을 살짝 건드리고 가슴을 적시지만 읽는 동안에는 끊임없이 생각하게 되고 읽고 나면 가슴을 울리며 뇌리 속 깊이 남는다.

매일 쉴 새 없이 폰을 들락거리는 내용물 중에 가슴을 적실 만한, 깨달음을 줄 만한, 영적 양식이 될 만한 내용이 과연 얼마나 될까? 오래도록 기억 속에 남을 문자 대화 내용은 얼마나 될까? 대부분 내일이면 생각조차 나지 않는 잡담 수준 아니던가?

폰만 보고 자란 아이와 책을 읽고 자란 아이는 사고(思考)의 깊이부터 달라진다. 요즈음 주변에 넘쳐나는 참을 수 없이 가벼운 두뇌를 탑재한 채 겉멋만 잔뜩 든 철부지 애 어른들. 무엇이 그들을 그렇게 만들었을까?

하루는 24시간. 자는 데 8시간, 일하는 데 8시간, 먹고 쉬는 데 2시간, 출퇴근에 2시간 쓰고 나면 남는 건 4시간인데 이 4시간을 폰 따위에 정신팔고 있기에는 인생이 너무 아깝지 아니한가? 어떻게 받은 생명인데!

폰 대신 책을 쥐어주자.

그리하여 우리의 미래인 그들이 폭넓고 깊은 생각에, 풍성한 감성에, 상상의 나래를 달고 나날이 영글어가며 나날이 새로워져서 앞으로의 시대가 요구하는 창의적 인간, 사람을 이롭게 하는 홍익인간(弘益人間)으로 자라가게 하자.

03

때로는 한 쪽 눈을 감아라

때는 중국의 춘추전국시대.

한 성주가 전투에 나가 대승을 거두고 성에 돌아와 전투에 임한 장수들에게 성대한 연회를 베풀었다. 무희들이 나와서 춤을 추고 분위기가 무르익어 다들 거나하게 취해서 즐겁게 노는데 갑자기 광풍이 불어와 촛불이 다 꺼지는 바람에 사방은 칠흑 같이 어두워졌다. 그때 성주의 옆에 앉아 있던 그의 애첩이 비명을 지르면서 성주에게 큰 소리로 다음과 같이 말했다.

"방금 어느 못된 자가 제 몸을 만졌습니다. 마침 제가 그 자의 투구에 달린 술을 꺾어 가지고 있사오니 빨리 불을 밝히게 하여 투구에 술이 없는 자를 잡아 엄히 다스리소서."

그러자 성주는 잠시 생각에 잠기더니 "자~~ 이제 다들 많이 취한 것 같으니 그만 돌아들 가거라" 하면서 부하 장수들이 다 나갈 때까지 불을 밝히지 못하게 하였다.

그리고 몇 년의 세월이 지난 어느 날 치열한 전투가 벌어졌는데 상대의 거센 공격에 한순간 성주를 에워싼 호위대의 전열이 흐트러지면서 틈이 생겼다. 그러자 적군의 창 서너 개가 동시에 성주를 향했다. 성주는 미처 피할 틈도 없었다. 그때 한 장수가 쏜살같이 몸을 날려 자신의 몸으로 그 창을 다 받아내고 그 사이 흩어졌던 호위대가 성주를 둘러싸고 방어했다. 성주는 자기 대신 온몸으로 창을 맞고 고슴도치 같은 모습으로 죽어가는 부하를 부둥켜안고 울면서 말했다.

"네가 어떻게 이렇게까지 할 수가 있더란 말이냐. 차라리 내가 맞을 것을!!"

그러자 그 장수는 고통스런 얼굴에 미소를 띠면서 다음과 같이 말했다.

"아닙니다. 주군! 지금 저는 이렇게 죽을 수 있어서 너무 행복합니다. 실은 몇 년 전 연회 석상에서 제가 술에 취해 저도 모르게 그만 마님의 몸에 손을 대었습니다. 그때 불을 켰으면 저는 수치 속에 죽어갔을 것입니다. 하지만 주군께서는 불을 켜지 않았습니다. 그때 결심했습니다. 언젠가 주군을 위해 목숨을 바치겠다고. 그런데 오늘 이렇게 주군을 구하고 주군 대신 죽을 수 있으니 이 얼마나 행복한지요!"

그래서 하나님이 두 눈을 준 모양이다. 때로는 한 쪽 눈 감으라고.

우리는 두 눈으로 많이 보고 많이 배우고 바로 보고 살아야 하지만 때로는 한 쪽 눈 지그시 감아야 할 때도 있다. 언제나 두 눈 똑바로 뜨고만 있으면 너도 나도 피곤해진다. 진실이나 사실은 다 까발리는 것만이 능사가 아니다. 알아도 모른 척, 알고 싶어도 모른 채 넘어가주는 것이 덕이 될 때가 있다.

무엇에나 다 그리하라는 말이 아니다. 불의에 대해서는 결연히 대항하고, 의도적으로 습관적으로 나쁜 짓을 하는 자에 대해서는 엄중히 처벌해야 한다. 자신이 무엇을 잘못했는지조차 모르는 어리석은 자에 대해서는 지적하고 가르치고 훈계해야 한다. 하지만 고의성 없는 실수에 대해서는 때때로 한 쪽 눈 감아주자. 인간은 너 나 할 것 없이 불완전한 존재라 누구나 실수할 수 있다. 그때마다 두 눈을 부릅뜨고 시시비비를 가리고자 한다면 과연 어떤 사회가 될까? 그때 그 성주가 "감히 어떤 놈이!" 하면서 불을 밝히고 범인을 색출하여 일벌백계의 의미로 죽였더라면 그 후 군신(君臣) 간의 관계에 어떤 영향을 미쳤을까?

두 눈을 항상 부릅뜬 사회는 맑고 투명하고 엄정(嚴正)한 사회는 될지언정 따뜻한 정이 넘치는 온기 있는 사회는 결코 되지 못하는 것이다.

04

위를 보는 눈, 아래를 보는 눈

사람에게는 두 개의 눈이 주어졌다. 그 결과 한 쪽 눈의 시력이 아무리 좋아도 다른 한 쪽 눈의 시력이 형편없으면 잘 볼 수 없다. 또한 두 눈이 협력하여 초점을 맞추지 않으면 사물을 또렷이 볼 수 없다.

우리에게 눈이 두 개 주어졌을 때는 두 눈으로 조화롭게 바라보라는 의미가 있지 않았을까? 세상을 바라볼 때 한 곳만 보지 말고 그 반대편도 보라고, 그 너머도 보라고, 그 안도 보라고 그리했을 것이다. 그런데도 우리는 세상을 살아가는 동안 눈앞의 일에 급급하여 한 쪽 눈만 뜬 채 한 곳만 쳐다보고 살아가는 일에 너무 익숙하진 않았는지 되돌아보게 한다. 이제 그동안 거의 감다시피 해온 또 하나의 눈을 뜨는 연습을 해보자.

여기 잔이 하나 있고 그 안에는 물이 채워져 있다. 이 물을 다른 사람의 잔에 따르고 나면 내 잔은 비게 된다. 물로 충만하던 내 잔에는 아무것도 남아 있지 않고 텅 빈 공(空)이 된다. 누군가에게 실(失)이 있으면 누군가에게는 득(得)이 되고 과학적으로는 에너지 보존의 법칙쯤 된다. 이것이 땅(地)의 이치다.

하지만 하늘(天)의 이치는 다르다.

내 잔 속의 물을 나보다 훨씬 더 갈급한 사람에게 부어주고 나면 내 잔은 빈 공(空)의 상태가 아니라 공기로 가득 찬 충(充)의 상태가 된다. 눈에 보이는 물 대신 눈에 보이지 않는 공기로 찬 텅 빈 충만함이다. 물은 사람에게 없어서는 안 될 소중한 것이다. 물을 마시지 않으면 며칠 못 가 죽는다. 하지만 공기를 마시지 않으면 몇 분 못 버틴다. 공기는 소중함을 넘어서 절박한 것이다. 내 잔을 보다 가치 있는 것으로 채우기 위해선 먼저 그 잔을 비워야 한다. 이것이 하늘의 이치다.

어떤 일을 하건 먼저 하늘의 뜻을 살핀 후 현실을 돌아보아야 한다. 위(天)만 보고 걷는 사람은 바로 눈앞의 돌부리에 채여 넘어지고 땅(地)만 보고 걷는 사람은 머지않아 다가올 낭떠러지를 예측하지 못한다.

돌부리에 걸려 넘어지면 털고 일어나면 그만이다. 비록 생채기가 생겼다 하더라도 시간이 지나면 낫게 되고 이런 일이 반복될수록 면역력은 증가되고 지혜는 늘어난다. 하지만 이 길이 전부인 양, 이 길이 영원할 것인 양 땅만 보고 걷다가 갑자기 눈앞에 천 길 낭떠러지가 나타나면 그 얼마나 황당하고 두려울까? 그것이 바로 죽음이다.

죽음이 공포로 다가오는 것은 죽음의 실체가 무언지, 언제 닥칠는지, 죽음 다음에 무엇이 기다리고 있는지 모르기 때문이다. 삶은 죽음으로의 여정이고 죽음은 삶의 완성이라 했다. 그렇게 소중한 죽음인데 이에 대해 생각지 않으면서 하루하루 살아가는 인생은 참으로 어리석다.

죽음을 이해하려면 먼저 내가 누구인지 왜 사는지에 대해 스스로에게 묻고 스스로 답할 수 있어야 한다. 이에 대한 답이 궁하면 죽음 후에 갈 곳이 어딘지를 생각하면 의외로 쉽게 답을 구할 수 있다. 죽음 후에 어디로 갈지를 알려면 내가 어디로부터 왔는지를 알아야 한다. 그래야 떠나온 본향(本鄕)으로 돌아갈 수 있으니까. 돌아갈 본향이 있는 사람, 벗은 발로 뛰어나와 반가이 맞아줄 부모가 기다리는 본향을 가진 사람은 얼마나 복된 사람인가! 이런 사람은 죽음을 두려워하거나 회피할 이유가 전혀 없다. 오히려 때가 되면 돌아갈 날이 기다려진다. 그러나 그 본향은 이 땅에는 존재하지 않는다. 그래서 밑으로 땅을 보는 눈만 크게 뜨고 살아갈 것이 아니라 위로 하늘을 우러러 보는 눈도 같이 뜨고 살아야 한다.

아래에 나오는 한 사람의 어릴 적 이야기에서 인생의 의미를 되돌아보자.

때는 1950년대 한국전쟁이 끝나고 몇 년 후. 조그만 마을에 한 남자아이가 동네아이들과 놀고 있었다. 하루 종일 땅에 금 그어놓고 땅따먹기 하고, 딱지치기 하고, 구슬치기 하면서 재미있게 놀았다. 저녁이 되니 각 집의 굴뚝에서 연기가 올라가고 아이 어머니들은 대문 밖에 대고 밥 먹으러 오라고 고래고래 소리를 지른다. 그러자 아이들이 놀다 말고 하나 둘씩 집으로 달려갔다. 아이 혼자 남았다. 해는 뉘엿뉘엿 넘어가는데 아이는 부르는 사람도 갈 곳도 없었다. 땅 한 뼘 더 딸 거라고 딱지 한 장 구슬 하나 더 모을 거라고 하루 종일 친구들과 옥 신각신하며 악착같이 모은 딱지가 호주머니 한가득, 다른 주 머니에는 구슬이 한가득, 땅에는 내 땅이라고 그어놓은 영역 이 큼지막한데 갈 곳 없는 자신에게 그딴 것들은 아무 의미도 없었다. 다른 아이들은 그렇게 재미나게 놀다 말고 엄마가 부 르니 부리나케 집으로 달려가 지금쯤 따끈따끈한 밥상 앞에서 가족들과 오순도순 모여앉아 맛있게 재밌게 밥 먹고 있을 것 을 생각하니 자신도 모르게 눈물이 흘러내렸다. 나는 어디로 가야 하지?

위 이야기는 이십 수년 전에 미국의 유수 병원에 근무하는 한 한인(韓人) 의사의 간증 테이프에서 들은 내용이다. 아버지 는 6.25 때 전사하고 자신은 아버지 얼굴도 못 본 유복자로 태어났다. 그 어려운 시기에 어머니 혼자 힘으로 자녀까지 양 육하려니 얼마나 힘들었겠는가? 어머니는 아침에 나가서 저 녁 늦게까지 일을 하고 오다보니 다들 저녁 먹을 시간에 자신 의 집에는 자기를 불러줄 사람도 따끈한 밥도 없었던 것이다.

05

관조의 눈, 욕망의 눈

세상의 수많은 이야기 중 지금껏 가장 많이 사람 입에 오르내린 건 구약성경 창세기에 나오는 에덴동산의 선악과(善惡果) 이야기일 것이다. 성경에 따르면, 하나님은 천지만물을 지으신 후 사람을 위하여 에덴동산을 만들고 그 가운데에는 생명나무와 선악을 알게 하는 나무도 두었는데 동산 내에 있는 모든 나무의 열매를 먹을 수 있으되 중앙에 있는 나무 열매는 먹지 못하게 금하였다. 그런데 어느 날, 하나님이 지으신 들짐승 중 제일 간교한 뱀이 이브에게 나타나 참으로 교묘하게 다음과 같이 묻는다.

뱀이 여자에게 물어 이르되

"하나님이 참으로 너희에게 동산 모든 나무의 열매를 먹지 말라 하시더냐?"

이에 이브가 답하길

"동산 나무의 열매를 우리가 먹을 수 있으나 동산 중앙에 있는 나무의 열매는 하나님의 말씀에 너희는 먹지도 말고 만지지도 말라 너희가 죽을까 하노라 하셨느니라."

그러자 뱀이 여자에게 이르되

"너희가 결코 죽지 아니하리라. 너희가 그것을 먹는 날에는 너희 눈이 밝아져 하나님과 같이 되어 선악을 알 줄 하나님이 아심이니라."

이브는 하나님이 금단의 열매로 지정한 나무라 평소에는 아예 쳐다볼 생각도 안 하다가 뱀의 말을 듣고서는 마음이 동하여 그 나무를 본 즉

"먹음직도 하고 보암직도 하고 지혜롭게 할 만큼 탐스럽
기도 한 나무인지라 여자가 그 열매를 따먹고 자기와 함
께 있는 남편에게도 주매 그도 먹은지라"

이 사건 이후 아담과 이브는 에덴동산에서 쫓겨나게 되고
이브는 출산의 고통을 크게 더하고 수고와 함께 자식을 낳고
아담의 지배를 받게 되며 아담은 자신의 범죄로 말미암아 땅
이 저주받아 가시덤불과 엉겅퀴를 내어 평생 얼굴에 땀 흘리
며 뼈 빠지게 수고해야 입에 풀칠하고 살아가게 되는 형벌을
받게 된다. 그들의 죄에 대한 형벌은 오늘을 사는 우리에게까
지 대물림되어 모든 인생살이가 이다지도 고달프게 되었으니
참으로 열받을 만도 하다!
도대체 어쩌다가, 얼마나 어리석었기에 이브 할머니는 그딴
뱀의 꾐에 넘어갔단 말인가? 그 원인을 알기 위해서는 먼저
이브가 선악과를 보고 느낀 감정에 주목해볼 필요가 있다.

"여자가 나무를 본 즉 먹음직도 하고 보암직도 하고 지혜
롭게 할 만큼 탐스럽기도 한 나무인지라 여자가 그 열매
를 따먹고"

그녀의 처음 느낌은 '먹음직하다'는 것이었다. 그리고는 '보암직'도 해졌고, 나중에는 '탐스럽게'까지 보였다. 이러한 느낌을 신약성경 〈요한서〉의 기자(記者)는 육신의 정욕과 안목의 정욕과 이생의 자랑으로 풀이한다.

육신의 정욕(情欲)이란 먹고, 마시고, 자고, 섹스하고, 쉬고 싶은, 육신이 원하는 가장 원초적인 욕구를 의미하고 안목의 정욕이란 화려하고 멋지고 예쁘고 매력적인 외적인 것들에 빠져들고 자신 또한 그렇게 보이고자 외모치장에 온갖 정성을 다 쏟는 허영심을 말하고 이생의 자랑이란 돈, 명예, 권력, 재능, 학벌, 지식 등을 탐하는 소유욕과 그것으로 남에게 으스대고 싶은 과시욕을 말한다.

이브는 이 세 가지 정욕을 동시에 다 느꼈다. 하지만 이런 욕구를 느꼈더라도 한 가지만 실행에 옮기지 않았더라면 하나님의 명(命)을 거역하지 않을 수 있었다. 만약 그녀가 그 열매를 보고서 보암직하고 탐스럽다는 생각에서 끝냈더라면 아무 문제 없었을 것을 '먹음직스럽다'라고 생각하는 바람에 돌이킬 수 없는 나락으로 떨어졌다. 결국 사물을 관조(觀照)의 눈으로 바라보지 못하고 욕망(欲望)의 눈으로 바라보는 바람에 이렇게 자자손손 후손들에게까지 민폐를 끼치게 된 것이다.

남녀관계의 문제도 마찬가지다. 넘어서는 안 될 사이의 남녀가 그 선을 넘는 바람에 파멸의 구렁텅이로 빠져드는 경우를 종종 본다. 또한 요즈음 들불처럼 번지고 있는 '미투' 운동의 가해자 역시 마찬가지다. 왜 그렇게 되었을까?

답은 간단하다. 불가촉(不可觸)의 멋진 이성을 보고서 '보암 직하다'로 끝내야 할 것을 '먹음직하다'로 나아갔기 때문이다. 상대를 관조의 시선으로 보지 못하고 욕망의 시선으로 바라본 것이 사단(事端)의 원인이다.

그러면 육체적 욕망은 품어서는 안 될 나쁜 것인가?

아니다. 욕망은 모든 생명체의 가장 강력한 생명력이다. 이것이 있어야 살아남는다. 며칠을 굶어 위와 장이 다 비었는데도 먹고 싶다는 욕망이 없다면 물 구경한 지가 며칠이나 되었는데도 갈증을 느끼지 않는다면 며칠 동안 잠을 자지 않는데도 자고 싶어 죽겠다는 욕망이 없다면 우리는 과연 생존할수 있을까? 이성(異性)을 보고서 욕정을 느끼지 않는다면 개체를 보전해갈 수 있을까? 남에게 잘 보이고자 하는 욕망이 없어 자다 일어나서 그 차림 그 머리 그대로 기신기신 밖으로 나다니고, 있는 모습 그대로 보인답시고 속에 든 말 있는 대로 다 까발리고 다니면 과연 사회가 보기 좋고 아름답게 돌아갈까? 집안에 양식이 다 떨어졌는데도 가장이 돈 보기를 돌보듯 하며 집안에서 빈둥거리고 있으면 식구들 입에 밥은 누가 넣어주나?

그래서 하나님은 모든 생명체에게 본능이라는 형태로 욕망을 부여하셨다. 어떠한 악조건에서도 부디 살아남으라고. 그리고 자신을, 세상을 아름답게 가꾸고 즐기며 온 땅에 번성하라고. 그런데 무엇이 문제란 말인가?

문제는 본능을 넘어서는 욕심에 있다.

동식물은 본능만 충족시키고 나면 멈출 줄을 안다. 하지만 인간은 거기서 멈출 줄을 모르고 채워도 채워도 끝이 없고 채우면 채울수록 커지기만 하는 욕심이라는 단계로 발을 내딛는다. 인체에 없어서는 안 될 필수영양소도 과다하게 섭취하면 독이 되듯이 필요를 넘어서는 욕망, 남의 것까지 탐내는 과도한 욕심은 인간을 파멸의 길로 이끈다. 그러한 욕심은 욕망의 눈을 크게 뜨기 시작하면서 싹이 트고 그 싹은 고통과 고뇌와 슬픔과 분노의 열매를 충실히 맺는다.

그래서 하나님은 그에 대한 안전장치로 눈을 하나 더 주셨다. 눈을 하나만 주면 세상을 온통 욕망의 시선으로만 바라볼까 봐 관조(觀照)의 눈을 하나 더하셨다. 지혜의 눈으로 삼라만상의 참모습을 바로 보고 즐기며 존중하며 받아들이라고.

그런데도 인간은 욕망(欲望)의 눈만 너무 크게 떠 왔다. 그 결과 인간의 능력은 신의 자리까지 넘볼 만큼 커졌는데 행복의 분량은 갈수록 줄어들고 욕망이라는 이름의 전차는 파멸의 종착역을 향해 지칠 줄 모르고 달린다.

이제 우리 관조의 눈을 뜨는 연습을 하자.

매일 아침 명상과 기도로 새벽을 열어보자. 욕망으로 뜨거웠던 눈의 열기가 식으면서 차분하고 평온한 마음 한가운데 관조의 눈이 서서히 열릴 것이다. 관조의 눈이 뜨일수록 왕방울만큼 커졌던 욕망의 눈이 정상으로 돌아올수록 그동안 과도한 욕망과 욕심으로 쌓였던 체지방 같은 너저분한 마음의 찌꺼기가 빠지면서 자신과 세상이 점점 아름답게 보일 것이다.

06

내 입장에서 보는 눈,
상대의 입장에서 보는 눈

일본의 전국시대에 야마모토 간스케(山本勘助)라는 사람이 있었다. 그는 다케다 신겐(武田信玄)의 책사로서 나이 마흔이 되도록 로닌(浪人, 낭인) 생활을 하다가 1543년 그의 비상함을 한눈에 알아본 신겐이 파격적인 대우로 발탁하게 되면서 인생의 후반전에 활짝 꽃을 피운 인물이다.

그는 추남에 애꾸눈에 절름발이에 한쪽 손은 기형인 참으로 볼품없는 외모의 소유자지만 뛰어난 지략으로 전국시대의 전설적인 군사(軍師)로 이름을 떨쳤고 다음과 같은 에피소드에 등장하는 그의 어록은 마른 오징어처럼 씹을수록 맛이 난다.

1547년 음력 8월, 다케다 신겐은 오타이하라 전투에서 우에

스기 군에 대승을 거두고 다음 해 음력 2월 내친 김에 시나노 북부의 세력인 무라카미까지 해치우려 성급하게 나섰다가 우에다하라 전투에서 참혹한 패배를 겪게 된다. 전투에서 지고 자신도 부상을 당하여 30일간이나 치료를 받아야 했는데 울분에 찬 신겐이 간스케에게 그 패인을 물었다.

"내가 왜 그런 패배를 당했다 생각하는가?"

"주군께서 오타이하라 전투에서 10할의 승리를 거두었기 때문입니다."

"전투에서 완벽하게 승리를 거둔 것이 뭐가 잘못되었단 말이냐?"

그때 간스케는 다음과 같이 답했다.

"전쟁에서 최고의 승리는 5할의 승리고 최악의 승리는 10할의 승리입니다. 5할의 승리는 용기를 낳고 7할의 승리는 게으름을 낳고 10할의 승리는 교만을 낳기 때문입니다."

이에 신겐은 크게 깨닫고 이를 가슴 깊이 새겨 평생의 좌우명으로 삼았다 한다.

이러한 간스케에게도 한 가지 고민이 있었으니 그것은 주군보다 스무 살이나 많은 자신의 나이 때문이었다. "내가 과연 주군이 천하통일을 이룰 때까지 살아 보필할 수 있을까?" 이 문제를 해결하기 위해 그는 가신(家臣) 중 젊고 똑똑한 인재를 발굴하여 자신의 후계자로 키우기로 하는데 이때 가장 눈에 띈 인물이 다케다 가(家)의 꽃미남 겐고로(春日虎綱)였다.

간스케는 그를 군사(軍師)로 키우기 위해 전투 때마다 그를 대동하고 다니며 실전에서의 전략과 전술을 가르쳤다. 그러던 어느 날 그들은 한 성을 치기 위해 원정을 떠났다. 도착 후 성을 바라보니 말 그대로 난공불락의 성이었다. 천하의 간스케도 이 성 앞에서 일주일 동안 진을 치고 봐도 도무지 공략할 방법이 떠오르지 않았다. 그때 간스케는 옆에 서 있는 겐고로에게 물었다.

"너 같으면 저 성을 어떻게 치겠느냐?"

그는 기다렸다는 듯 자신에 차서 대답했다.

"그동안 여기 와서 수집한 정보와 첩자들의 보고를 종합한 결과 저 성의 네 성벽 중 북쪽 성벽이 가장 허술하고 마침 그 성벽 쪽에는 숲으로 둘러싸인 오솔길이 하나 나 있습니다. 하여, 달이 없는 그믐날 밤에 그 길을 통해 북쪽 성벽 쪽으로 야습(夜襲)을 가하면 쉽게 함락할 수 있을 것입니다."

　그러자 간스케의 우레와 같은 호통이 떨어졌다.
　"멍청한 녀석! 나는 비록 눈이 하나밖에 없지만 사물을 바라볼 때 항상 두 눈으로 보려고 노력하며 살아왔다. 헌데 너는 두 눈을 멀쩡히 뜨고 있으면서 어떻게 한 눈으로만 세상을 바라본단 말이냐?"

　간스케의 칭찬을 기대하며 의기양양하게 서 있던 겐고로는 이 무슨 귀신 씨나락 까먹는 소린가 싶고 열이 바싹 올라 볼멘소리로 물었다.
　"저는 도무지 무슨 말씀을 하시는지 이해가 가지 않습니다. 알아듣게 설명해주시지요."

　"그래? 그러면 하나 물어보자! 네 개의 성벽 중 북쪽이 가장 허술하다는 사실을 네가 더 잘 알겠느냐 아니면 저 성주가 더 잘 알겠느냐?"

"그야 저 성주가 더 잘 알겠지요."

"네가 저 성주라면 군사를 어디에 제일 많이 배치하겠느냐?"

"그야, 북쪽 성벽이겠지요."

"성의 주변 지형지물에 대해 여기 온 지 일주일 된 네가 더 잘 알겠느냐 아니면 조상 대대로 이 땅에서 살아온 저 성주가 더 잘 알겠느냐?"

"그야~ 저 성주가 더 잘 알겠지요."

"네가 저 성주가 되어 매복조를 숨긴다면 어디다 숨기겠느냐?"

"그야 오솔길이 난 저 숲 속이겠지요."

갈수록 겐고로의 목소리는 잦아들었다.

"네가 만일 저 망루에서 우리를 내려다보고 있는 성주라면 하루 종일 무슨 생각을 할까?"

"그야~ 우리가 언제 어디로 어떻게 쳐들어올지에 대해 생각하겠지요."

그러자 간스케는 마지막 일격을 가한다.

"성을 치려는 자는 먼저 성을 지키는 자의 눈으로 바라본 후 치는 자의 눈을 뜰 때 올바른 방책이 나오는 법이거늘 너는 저 성을 바라보면서 일주일 내내 성을 치는 자의 눈으로만 바라보았기 때문에 싸우기도 전에 이미 저 적장에게 진 것이나 다름없다."

위의 이야기는 오래 전에 읽은 한 일본 역사소설에 나오는 내용인데 간스케의 이 말은 순간 내 머리를 강타하였다. 그리고 그동안 감겨 있던 나의 한쪽 눈이 확 뜨이는 것 같았다. "눈이 둘인 이유가 무엇인가" 하는 자문에 대해 "많이 보고 많이 배우라고 그랬겠지"라는 매듭 하나 풀고서는 더 이상 잘 풀리지 않던 실타래가 순식간에 줄줄 풀려나가게 된 것이다.

간스케는 나의 입장에서 보는 눈과 상대의 입장에서 보는 눈의 중요성을 상대를 공략하는 데 썼지만 이를 거꾸로 적용

하면 하나님이 눈을 두 개 주신 또 하나의 중요한 메시지를 깨달을 수 있는 것이다.

사람과의 관계에서 생기는 갈등과 다툼과 상처의 주된 원인이 무엇일까? 좌(左)와 우(右), 노(勞)와 사(使), 노(老)와 소(少), 부(夫)와 자(子), 나아가 남(男)과 여(女) 사이에 대화가 안 통하고 서로가 서로에게 삿대질 해대는 이 시대의 불행은 어디서 오는 것일까? 그것은 바로 자신의 입장에서 바라보는 눈만 크게 뜨고 상대의 입장에서 바라보는 눈은 아예 감아버렸기 때문인 것이다.

거울에 자신의 얼굴을 한번 비춰보자. 한 쪽 눈 크게 뜨고 한 쪽 눈 감으면 어떤 얼굴이 보일까? 분명 찡그린 얼굴이 보일 것이다. 두 눈을 반쯤씩만 뜨면 어떤 얼굴이 보일까? 온화한 얼굴이 보일 것이다.

이제부터 자신의 입장에서 바라보는 눈을 뜨기 이전에 상대의 입장에서 바라보는 눈부터 먼저 뜨는 연습을 해보자. 그리고 난 다음 두 눈의 균형을 맞춰보자. 그리하면 서로 이해 못

할 일이 뭐 그리 많겠는가? 서로 죽일 놈 살릴 놈 해가며 멱살 잡을 일이 뭐 그리 있겠는가?

07

안을 보는 눈, 밖을 보는 눈

이른 새벽, 자리에서 일어나 가부좌를 틀고 앉아 어둠 속에서 눈을 감고 1분에 2번 정도의 깊고 긴 단전호흡에 들어간다. 마음속에는 출근길, 광안대로 위를 달릴 때 펼쳐지는 하늘과 맞닿은 그 광활한 바다와 수평선과 하늘을 걸어놓고 호흡에만 집중한 채 무념의 세계에 빠져든다. 하늘에 구름 걷히듯 마음이 맑아지고 평안이 주위를 감싼다. 내게 귀한 생명과 함께 이런 평온을 누리게 하신 하나님께 무한한 감사의 마음이 새벽 호수 위 물안개처럼 피어오른다.

시간이 흐르면서 지난날 품었던 한과 분노와 슬픔이 보이고, 화내고 신경질 부렸던 어제의 내 마음이 보이고, 그 마음에 슬며시 웃음짓는 지금의 마음이 보인다. 옆에서 나를 쳐다보는 또 하나의 마음이 속삭인다. 흰구름이 끼든 먹구름이 끼든 천둥 번개가 치든 개의치 않는 하늘처럼, 세찬 빗방울이 때리든 폭풍이 불어오든 해일이 밀려오든 개의치 않는 바다처럼, 아무리 무례한 손님이 들어와 안하무인으로 군다 해도 그저 손님으로 대하는 여인숙 주인처럼 그렇게 지나려무나. 그모든 것, 시간이 가면 다 지나갈 것들인데 그러고 나면 언제 그랬냐는 듯 하늘은 푸르고, 바다는 햇살 가득 잔잔하고, 여인숙도 말끔할 터인데 무얼 그리 아등바등 속 끓이며 사느냐고.

사람에게는 다섯 가지 감각기관이 있다. 눈, 귀, 코, 혀, 피부. 이들은 일종의 센서, 안테나, 더듬이 같은 것들로서 생존에 있어서 없어서는 안 될 필수적인 부속 장기다. 우리는 이들을 통해서 주변을 파악하고 위험으로부터 피하고 외부와 소통한다. 이 중 귀, 코, 입, 피부는 간접정보를 접하고 주변 상황이나 대상을 유추하게 하지만 눈은 직접정보를 접하고 바로 판단하게 하는 가장 중요한 창구다. 그래서 옛 속담에 "몸이 100냥이면 눈이 90냥"이라 하였다. 이렇게 밖을 내다보는 눈, 곧 육안(肉眼)은 내 몸을 지키는 소중한 보배다. 하지만 인간에게는 몸만큼이나 중요한 것이 또 있으니 그것은 바로 마음이다.

몸과 마음은 떼려야 뗄 수 없는 사이로서 서로 긴밀히 연결되어 있다. 그래서 "몸은 보이는 마음, 마음은 보이지 않는 몸"이라 하였다. 몸 없는 마음이란 이 세상에는 존재할 수 없고 마음 없는 몸은 그저 고깃덩어리에 불과하다. 그래서 하나님은 밖을 향한 육안(肉眼)에 안을 향한 영안(靈眼)을 더하셨다. 밖만 보지 말고 안도 보라고, 세상 것에만 정신 팔지 말고 자신의 내면, 자신의 마음을 들여다보라고, 그래서 항상 깨어 있으라고 눈을 하나 더 주신 것이다.

명상을 할 때 자신과 떨어져, 자신을 바라보며, 자신에게 속삭이는 또 하나의 마음은 무엇인가? 그것은 바로 오염되지 않은 참나(眞我)이자 불성(佛性)이자 성령(聖靈)의 마음이다. 이 마음은 영안을 통해서만 보이고 들리고 느낄 수 있다. 또한 이 영안은 육안을 닫았을 때 비로소 열린다.

일 없으면 눈을 감자. 휴대폰과 TV 앞에서 멍하니 눈뜨고 앉아 아까운 시간 허비하지 말고 하루 종일 혹사당하는 소중한 육안에 쉼을 주자. 그리고 닫혔던 영안을 뜨게 하자. 이 눈을 통해서 성령과 나 사이에 길(道)이 뚫리게(通) 되면 내 마음이 곧 하나님의 마음이고 하나님의 마음이 곧 내 마음이 되지 않겠는가?

002

'두' 귀에 대한 단상

왕뚜껑 달았으되 닫지도 못하고
눈과 입 잠든 사이 자지도 못하고
쓴소리 단소리 왼갖 잡소리 다 듣고
때론 한 귀로 흘리라고
두 귀를 주셨나 보다

01

귀담아 들어라

대한민국에 가장 많은 장애인

문제 1) 대한민국에 가장 많은 장애인은?
문제 2) 아래의 두 에피소드에서 발견되는 공통점은?

01

오래 전 필자가 주니어 스태프 시절 과내에 다소 심각한 문제가 생겨 과장님께 보고 드리러 갔다. 내가 준비해간 내용은 1. 현안 문제 2. 발생배경 3. 대처방안 두 가지였다. 먼저 현재 과에 생긴 문제를 보고하고 배경설명 반쯤 했을 때 과장님께서 대뜸 "뒷말 안 들어봐도 무슨 말인지 알겠다. 글마 전화번호 대라!" 하면서 바로 전화 수화기를 집어든다. 당황한 나는 "교수님, 그게 아니고~" 하면서 보다 많은 설명을 해야 했다. 문제의 핵심은 그 사람이 아니었던 것이다.

#02

11년 전 지리산에 있는 한 펜션으로 여름휴가를 갔다 왔다. 며칠 후 친구 몇 명이 모여 밥도 먹고 술도 한 잔 하게 되었다. 자연스레 휴가이야기가 나왔고 각자 자신의 경험담을 이야기했다. 나는 난생 처음 가본 펜션이라는 곳에 대해 내 경험도 이야기하고 다른 사람들로부터 펜션에 대한 여러 정보도 듣고 싶었다. 느긋이 즐겁게 환담하는 자리라 시간에 쫓길 것도 없어 여행의 출발부터 이야기하기 시작했다.

"이번 휴가는 예방의학의 전 교수하고 같이 가기로 해서 차는 그냥 한 대로 가기로 했어. 그 날 아침에 전 교수 부부가 우리집으로 픽업하러 왔는데 차가 폭스바겐 파에톤(Phaeton)이데," 하는데 친구 한 명이 "그 차 좋더나?" 하고 묻는다.

"글쎄~~ 내 SM5보다 별로 좋은지 모르겠던데, 엔진소리도 시끄럽고" 하고는 다음으로 넘어가려는데 이번에는 다른 친구가 "차 값이 얼만고?" 하고 또 발목을 잡는다.

이러다가는 차 시동도 못 걸겠다 싶어 "그건 모르겠고." 란 말로 잘라버리고 이제 만덕에서 출발해 김해에 있는 클레이 아트(clay art)에 들러 구경하고 점심은 진주 남강에서 장어구이 먹었단 말을 하려는데,

"김해에 있는 클레이 아트에 들러 구경하고"란 말이 떨어지기 무섭게 "클레이 아트가 뭐고?" 하고 묻는 바람에 여기서 시간 또 잡아먹고.

겨우 남강에 도착해 장어이야기 나오니 "장어 맛있더나?" 해서 시간 또 보내고.

이러다가는 지리산 가기도 전에 날 새겠다 싶어 결국 지리산까지 가는 것 포기하고 남원쯤 가서 이야기를 끝내버렸다. 정작 내가 나누고 싶었던 펜션 '펜' 자도 못 꺼내보고 말이다.

그런데 더 황당한 것은 어느 누구도 내가 무슨 말을 하려 했는지 묻는 사람이 없었다는 점이다.

이런 것이 대부분의 우리네 대화다.

위의 두 에피소드에서처럼 이야기가 조금만 길어지면 끝까지 듣고 있지를 못한다. 남 말하는 중간에 혼자 섣부른 결론을 내리거나 중간에 끼어들어 자신의 관심사에 대해서만 치고 빠진다. 상대방이 무엇을 전달하고자 하는지, 나아가 어떤 의도로 이런 말을 하는가에 대해서까지 생각해가며 진득하니 들어주는 사람 참으로 드물다. 그래서 필자는 강의 시간에 종종 다음과 같이 묻고 답한다.

"대한민국에서 가장 많은 장애인은 어떤 장애인일까요?"

"정답은 대화 장애인입니다."

대화를 할 줄 모르니 토론을 할 줄 모르고 토론을 할 줄 모르니 회의는 더더욱 할 줄 모른다. 의과대학 교수 생활 35년에 얼마나 많은 회의에 참석했겠는가? 그러나 지금껏 기억에 남을 만한 멋진 회의, 회의다운 회의를 해본 적이 없다. 소위 교수란 사람들이 모여서 하는 회의가 이 모양이다 보니 한국

사람들은 회의(會議)를 하면 할수록 회의(懷疑)에 빠진다 라는 자조 섞인 우스갯소리까지 생겨난 모양이다. 그리고 요즈음 '올바른 대화법'이란 제목으로 강의를 할 때 다음과 같은 내용을 꼭 포함시킨다.

한국인과 대화하는 요령

1. **하고 싶은 말은 3분 내로 끝내라** : 한국인이 남의 말 중간에 안 자르고 들어주는 인내심의 한계는 3분을 넘지 않는다.
2. **결론부터 말하라** : 상대가 궁금해서 질문을 해대면 그 때 가서 본론, 서론을 말하라. 서론부터 시작했다간 본론도 옳게 도달하지 못한다.

'귀담아 들어라'는 말의 의미

어쩌다 우리가 이렇게도 대화를 할 줄 모르게 되었는가? 무엇이 문제인가? 이에 대한 답을 찾기 위해서는 대화란 무엇인지 그 본질부터 알아야 할 것 같아 대화란 단어의 사전적 의미부터 알아보았다.

먼저 표준국어대사전을 찾아보니 다음과 같이 나와 있다.

- 대화(對話) : 마주 대하여 이야기를 주고받음, 또는 그 이야기

참으로 간단명료하다. 이 설명대로라면 대화란 그저 말만 주고받으면 끝난다. 과연 그럴까?

도무지 성이 안 차서 이번에는 영어사전을 찾아보았다.

- 대화란 에티켓의 룰을 따르는 2인 혹은 그 이상의 사람 상호 간에 이루어지는 자연스런 소통을 말한다. (Conversation is interactive, spontaneous communication between two or more people who are following rules of etiquette.)

이제 무언가 말이 좀 통하는 느낌이다.
대화의 본질은 '소통'이라는 것이다. 그것도 일방적이 아닌 상호 간의 소통이다. 그것도 아무렇게나 소통하는 것이 아니라 서로 에티켓을 지켜가며 소통하는 것이란다. 또한 위의 설명에서 '말'이나 '이야기'에 대해서는 한마디도 없다는 사실에 주목할 필요가 있다.

좀 더 욕심을 내어 필자가 지식 정보면에서 가장 신뢰하는 일본어 사전을 찾아보았더니 역시 기대를 배신하지 않는다. 일본답게 제일 디테일하다.

● 회화란 2인 또는 그 이상의 주체가 주로 언어의 발성, 수화, 제스처 등의 의사표시에 의해 공통의 화제를 주고받는 커뮤니케이션, 혹은 이야기를 나누는 행위 전반의 일. (会話とは、2人もしくはそれ以上の主体が、主として言語の発声・手話・ジェスチャーなどによる意思表示によって共通の話題をやりとりするコミュニケーションや、あるいは話をする行為全般のこと。)

여기서도 중요한 것은 소통이고 말은 소통방법 중의 하나일 뿐이다. 또한 위의 두 사전에 나오지 않는 또 하나의 중요한 사실은 제대로 된 소통을 위해서는 일방적인 관심사가 아니라 '공통의 화제'를 올려놓고 서로 '주고받아야' 하는 것이다.

정리를 하면 우리는 마주보고 이야기만 나누면 대화가 된단다. 영어권 사람들은 '서로 간에(interactive) 소통(communication)'이 되어야 대화가 된단다. 일본 사람들은 한 발 더 나아가 공통의 관심사를 주고받아야(やりとりする) 대화가 된단다.

이쯤 되면 우리네 문제가 무엇인지 굳이 설명하지 않아도 답은 나왔다. 우리의 가장 큰 착각은 말만 하면 대화가 되는 줄 아는데 있다. 말을 많이 하면 많은 대화를 나누었다 생각하고 대화 중 말을 적게 하면 무언가 손해 본 것 같고 무식하단 소리라도 들을 줄 착각한다.

그래서 대화를 한다면서 서로 말 많이 하기 경쟁이라도 하는 듯 남의 말은 안 듣고 제 말만 하려 든다. 남 말하는 중간에 잘라먹고 들어오는 무례를 서슴지 않고 그것이 큰 실례라는 사실도 모른다. 심지어는 방송국 시사토론 프로에 토론자로 나온 사람들까지, 심지어는 토론장의 꽃이라 할 수 있는 국회의 의원이라는 자들까지 이런 일로 서로 얼굴 붉히고, 목청 높이고, 삿대질까지 해대는 추태를 너무나 자주 본다.

대화는 소통이다. 그것도 일방적 소통이 아니라 상호 간의 소통이다. 상호 간의 소통은 어떻게 이루어지는가? 서로 주고받으며, やりとりする하며, give & take하며 소통한다. 어느 나라 말이나 먼저 주고 뒤에 받는다. 내가 먼저 주어야 받을 거리가 생기기 때문이다.

대화에서 주는 것은 무엇이고 받는 것은 무엇일까? 무얼 먼저 준다는 것일까? 상대방에게 나의 말을 먼저 던지는 것이 주는 것일까? 아니다. 남의 말을 들어주는 것이 주는 것이다. 그리고 나서 상대가 내 말을 들어주는 것을 내가 받는 것이다. 그런데 우리는 거꾸로 하고 있다.

정 말을 많이 하고 싶으면 필자처럼 강의하는 업(業)을 가져라. 그리하면 나 혼자서 일방적으로 한 시간이고 두 시간이고 떠들어대도 사람들은 돈 내가며 듣고 돈 내가며 박수친다. 하지만 대화는 그게 아니다. 대화를 가장 잘 하는 사람은 유식하고 말 잘 하는 사람이 아니라 상대의 말을 잘 들어주는 사람이다.

여기서 다시 한 번 하나님의 뜻을 생각해보자.
하는 일이라고는 듣는 것 하나밖에 없는 귀를 두 개씩이나 준 이유가 무언지. 그리고 왜 뚜껑까지 만들어주었는지.

인간의 몸에는 9개(남자) 내지 10개(여자)의 구멍이 나 있는데 어찌된 일인지 거의 대부분이라 해도 과언이 아닌 7개가 이 좁은 얼굴에 모여 있다. 눈구멍 둘, 콧구멍 둘, 귓구멍 둘,

입구멍 하나. 게다가 이들 구멍 중 항상 숨을 쉬어야 하는 콧구멍 외에는 다들 뚜껑이 달려있다.

뚜껑을 왜 달아놓았을까?

구멍이랍시고 아무 때나 쓸데없이 열어놓지 말고 안 쓸 때는 닫으라고, 필요할 때는 닫으라고 달아놓은 것 아니겠나. 그런데 참 희한한 것이 눈 뚜껑, 입 뚜껑은 내 마음대로 열었다 닫았다 할 수 있는데 뚜껑 중 왕 뚜껑인 귀 뚜껑은 아무리 닫으려 해도 닫을 수가 없어요. 왜 그럴까?

이 뚜껑은 닫으라고 준 물건이 아니라 모으라고 준 물건이기 때문이다. 다른 사람의 말소리를 귀 뚜껑에 잘 담아서 귓구멍에 잘 넣으라고 준 물건이다.

그래서 '귀담아 들으라'는 표현을 쓰는 것이다.

하나면 충분할 귀를 두 개씩이나 주면서 집음기(集音機)까지 달아주실 때는 그만큼 남의 말을 잘 들으라는 하나님의 간곡한 당부가 담겨 있는 것 아닐까?

02

한쪽 귀로 듣고
한쪽 귀로 흘려라

어느 노인의 죽음

나이 80이 넘은 한 늙은이가 아내와의 심한 갈등과 잔소리에 견디다 못해 한겨울, 모두가 잠든 한밤중에 아내 몰래 가출을 감행했다. 그는 남의 눈을 피하고자 험한 길을 통과해 셰키노 역에 도착했다. 그 후 기차로 인근의 은거 수도원에 들렀다가 다시 샤마르디노 수녀원을 들러 수녀인 여동생을 만나보고 아내에게 "자신을 따라오지 말라"는 편지를 써놓고는 추적을 피하기 위해 삼등칸 객차에 올랐다.

영지 내 대저택에 살면서 매일 가족의 보살핌을 받아야 할 정도로 쇠약한 귀족 노인네에게 그 넓고 추운 러시아는 잔인한 땅이었다. 사흘 동안의 쉼 없는 도피 여행으로 심신이 지칠 대로 지친 상태에서 사람들로 북적대는 담배연기 자욱한 불결한 삼등칸은 그에게 폐렴이라는 치명적인 병을 안겨주기에 충분했다.

40도를 넘나드는 열과 오한으로 더 이상 기차여행이 불가능해지자 그는 시골의 한 간이역에서 내렸다. 그가 지치고 병든 몸을 이끌고 간신히 열차에서 내렸을 때 다행히 그가 누구인지를 단번에 알아본 역장이 자신의 사옥으로 데리고 가 지극정성으로 간호를 했다. 하지만 안타깝게도 그는 일주일 만에, 가출한 지 열흘 만에 영원히 눈을 감고 말았다. 한편 그의 아내 소피아는 남편의 행방을 좇아 특별열차 편까지 전세 내어 달려갔지만 그는 끝내 아내를 만나주지 않고 죽었다.

이렇게 하여 세계최고의 대문호 톨스토이(Leo Tolstoy)는 1910년 11월 20일 향년 82세의 나이로 자신의 저택 대신 400km 이상 떨어진 이름 모를 조그만 시골 간이역에서 한(恨)을 안은 채 객사했다. 그리고 그는 고향의 숲 아스나야 뽈라냐(Yasnaya Polyana)에 묻혔다. 그의 유언대로 비석도, 묘비도, 어떤 장식도 없이.

반면 그동안 어느 누구의 뇌리에도 잘 남아 있지 않던 한 시골 간이역은 순식간에 세상의 주목을 받고 세계적 명소가 되었으며 '아스타포보(Astapobo)'라는 그 역의 이름은 2018년의 나에게까지 전해져 온다.

아내의 잔소리와 남편

　최근 복지재단 '사랑의 전화' 사회조사연구실에서 결혼한 남자들이 아내에 대해 가지는 여러 가지 생각들에 대해 설문 조사를 했는데 그 첫 번째 문항이 "당신은 어느 때 아내 곁을 떠나고 싶습니까?"였다.

　그 결과 "잔소리할 때"라고 응답한 비율이 45%로 가장 많았다 한다. 이를 보면 어느 집안에서나 아내의 잔소리는 부부생활에 있어서, 적어도 남자에게는 영원한 숙제인 모양이다.

　한 소설가가 자신의 트위터에 이런 글을 올렸다.

　"아내들이여, 남편에게 보약을 먹일 생각을 하지 말고 잔소리를 끊겠다는 생각부터 하라. 그 순간부터 온 집안에 사랑과

활기가 넘칠 것이다. 올레!"

그랬더니 한 정치인이 다음과 같이 답글을 달았단다.
"남편들이여! 아내 말씀 받들어 인생에 손해 볼 일 없도다.
잔소리를 보약으로 생각하시라."

둘 다 일리 있는 말이다.
하지만 분명한 것은 어떤 약재를 섞느냐에 따라 그 약이 보약이 될 수도 독약이 될 수도 있다는 점이다. 그리고 이 세상의 아내들이 꼭 알아야 할 사실은 동서양을 막론하고 모든 남편들은 보약이든 독약이든 '마누라 잔소리'란 이름의 탕제(湯劑)는 마시기 싫어한다는 점이다.

다 같이 잔소리란 이름이 붙은 탕약인데 어떤 것은 보약이 되고 어떤 것은 독약이 되는 걸까? 그 감별에 있어서 가장 간단하고 정확한 방법은 약효를 두고 보는 것이다.

톨스토이는 그 약이 얼마나 마시기 싫었으면 늙고 병든 몸으로 집을 뛰쳐나가 객사를 선택했을까? 그것만 보아도 그동안 그가 마신 탕(湯)은 독약이었음에 틀림없다.

필자도 지금까지 그 쓰디쓴 '잔소리' 탕을 40년간 마시며 살아왔다. 그런데도 이 나이에 성인병 하나 없이 건강 유지하고 아침저녁으로 최고의 밥상을 받고 사는 것 보면 아무래도 그 탕은 보약에 가까웠나 보다.

그러면 그 탕 안에 들어가는 재료로서의 잔소리 중 어떤 소리는 약초가 되고 어떤 소리는 독초가 될까?

남편의 건강문제, 사회생활, 인간관계 등이 걱정되어 하는 잔소리는 약초에 가깝고 자신에게 끼치는 불편함 내지는 피해에 관한 잔소리는 좀 아리까리(애매)하고 제 성질을 못 참아 내뱉는 말, 바깥일에 대해 잘 알지도 못하면서 지나치게 간섭하는 말, 시집 식구를 비하하는 말, 타고난 그리고 변할 수 없는 단점을 계속해서 지적하는 말, 자존심을 건드리는 말은 독초에 가깝다.

지금 생각해보면 필자는 그동안 아리까리 국물에 약초 대

독초의 비율이 7:3 정도 되는 탕약을 마셔온 것 같다. 그러니 아내들이여 자신이 만드는 탕약에 약초와 독초가 어느 정도 비율로 들어가는지, 남편의 기력이나 저항력이 얼마나 되는지 생각하며 만들어주라. 아무리 좋은 약이라도 환자가 받아내지 못하면 안 주느니만 못한 법이니.

그러면 남편들은 어떻게 해야 할까? 제일 좋은 건 약초를 타든 독초를 타든 잘 견뎌내면서 저항력을 키우는 방법이다. 그런 측면에서 우리네 남편들은 소크라테스 형님을 큰 스승으로 모시고 마누라 잔소리 때문에 열받을 때마다 그의 초상화를 들여다보며 마음을 가다듬자.

소크라테스의 아내 크산티페 역시 세계 3대 악처에 한 이름 올린 사람인데 이 사람에 비하면 톨스토이의 아내는 한 수 아래다.

사람들이 소크라테스에게 부인의 끊임없는 잔소리를 어떻게 견뎌내냐고 물었다. 그러자 그는 무덤덤한 표정으로 이렇게 대답했다.

"물레방아 돌아가는 소리도 귀에 익으면 괴로울 것이 없지."

그녀는 남편과 둘이 있을 때만 그러는 것이 아니라 대중 앞에서 심지어는 제자들 앞에서도 남편을 서슴없이 깔아뭉갰다. 하루는 소크라테스가 집에서 제자들을 가르치고 있었는데 그의 아내가 잔소리를 늘어놓았다. 그가 들은 척도 하지 않고 강론을 계속하자 그녀는 큰소리로 욕을 해대며 그에게 구정물 세례를 퍼부었다. 그러자 그는 태연스레 말했다.

"천둥이 친 다음에 소나기가 오는 것은 당연한 일이지!"

참 대단한 내공이다. 그가 이렇게 공력을 키울 수 있었던 것은 그의 결심 덕분이다. 그는 결혼한 지 1주일 만에 다음과 같이 결론을 내렸다고 한다.

"이렇게 살다간 내가 제명에 못 살지! 무언가 특단의 조치를 취하지 않으면 일찍 죽겠구나. 이제부터 마누라가 무슨 말로 공격하더라도 긍정적인 생각으로 중무장해서 막아내리라!"

그후 그는 모든 걸 긍정적으로 생각하면서 아예 분노라는 감정이 자신의 마음속에 생기지 못하게 하였다.

귀가 둘인 이유

앞서 우리는 아내의 잔소리와 관련하여 두 거인(巨人)의 경우를 살펴보았다. 한 사람은 잔소리 탕 마시고 죽었고 한 사람은 더 독한 탕을 마시고도 죽기는커녕 세계최고의 철학자가 되었다. 두 사람의 차이는 무얼까?

한 사람은 잔소리를 너무 깊이 새겨들어 죽었고 한 사람은 한쪽 귀로 흘려들어 철학자가 되었다.

우리가 살아가면서 무엇에 의해 가장 많이 가장 심하게 상처받는가? 전부 남이, 그 중에서도 나와 가장 가까운 위치에 있는 사람들이 무심코 혹은 고의적으로 던지는 말 때문이다.

그 말이 비수가 되어 내 마음에 꽂혀서 평생을 가슴 부여잡고 살아가는 경우가 얼마나 많은가?

그런 말들은 세월 지나 생각해보면 다 우스운 것들인데, 그런 말 치고 가슴 속에 간직할 만큼 가치 있는 말 없는데, 그 말 던진 사람은 기억도 잘 못하는데, 뭐 한다고 가슴 속에 묻어 놓고 두고두고 자학을 해야 할까?

우리 조상들은 못 들을 말을 들으면 시냇가에 가서 귀를 씻어 흘려보내라 했다. 하나님은 그런 불편함까지 덜어주고자 귀를 두 개 주셨다. 쓸데없는 말, 지저분한 말, 기분 나쁜 말, 가슴 아플 말은 한쪽 귀로 듣고 한쪽 귀로 흘려버리라고. 이 얼마나 감사한 일인가!

03

양쪽 말을 잘 듣고 판단하라

중국의 춘추전국시대에 있었던 제(齊)나라는 우리나라 서해 쪽을 향하여 개머리처럼 톡 튀어나온 산동반도 일대를 장악했던 나라로서 춘추시대 때는 제15대 환공(桓公, BC685-643)에 이르러 춘추오패 중 하나로 인정받았고 전국시대로 넘어와서도 전국칠웅 중의 하나로 이어간 강국이었다.

이 나라는 강성(姜姓) 여씨(呂氏) 왕조가 32대를 이어갔고 그 후 역성혁명을 일으킨 규성(嬀姓) 전씨(田氏) 왕조가 들어섰는데 제4대 왕인 위왕(威王, BC378-320) 때 들어 국력이 강성해져 이때부터 공(公) 대신 왕(王)이란 칭호를 붙였다.

위왕은 뛰어난 명군으로서 나라를 위기에서 구하고 제일의 강대국으로 키웠는데 그는 행정개혁을 단행하고 출신보다 능력을 중시하여 신분에 상관없이 인재를 등용하였으며 손자병법으로 유명한 병법의 대가 손빈(孫臏)도 이때 군사(軍師)로 기용된다.

한편 그 당시 주나라는 발톱 빠진 호랑이 격인지라 제후들 중 누구도 주왕에게 사신을 보내지 않았으나 그는 BC370년 주열왕(周烈王)을 알현함으로써 열왕을 크게 기쁘게 만들어 패자로 인정받고 제후들을 호령할 수 있는 권위를 갖게 된다.

이 무렵 조나라가 제나라에 쳐들어와 견읍(甄邑)을 빼앗겼는데 제위왕은 이런 상황에서 빼앗긴 땅을 되찾을 궁리는 하지 않고 엉뚱하게도 고위공무원들의 군기 잡을 계획을 세운다. 이와 관련된 유익한 일화가 사마천의 《사기(史記)》 권(券)46 〈전경중완세가(田敬仲完世家)〉 편에 실려 있어 함께 교훈으로 삼고자 한다.

위왕은 먼저 측근들에게 각 고을의 우두머리급 관원 중 칭송할 만한 관원과 처벌해야 할 관원을 보고하라 명했다. 이에 그들은 입을 모아 동쪽 아읍(阿邑)의 대부(大夫)를 칭송하고 즉묵(卽墨)의 대부를 비난하자 왕은 그 두 사람을 소환하고 먼저 즉묵 대부에게 다음과 같이 말한다.

"그대가 즉묵을 다스리게 되면서부터 그대를 비방하는 말이 매일 전해지고 있소. 그러나 내가 사람을 시켜 즉묵을 살펴본 결과 밭과 들이 잘 개간되어 있고 그 땅이 백성들에게 골고루 공급되고 있으며 관청에는 하다가 미루어 놓은 일도 없고 그 결과 이 나라의 동쪽 지역이 편안해졌소. 이는 그대가 나의 측근들에게 뇌물을 주어 자신의 영달을 구하려 하지 않았기 때문 아니겠소!"

하고는 그에게 1만호(戶)의 식읍(食邑, 조세를 걷는 지역)을 하사했다.

다음으로 아읍의 대부를 불러서는 이렇게 말했다.

"그대가 아읍을 다스리게 되면서 칭찬하는 말이 날마다 들려오고 있소. 그러나 사람을 시켜 아읍을 살펴보게 한 즉 밭과 들은 개간되어 있지 않았고, 백성들은 가난에 고통스러워하고 있었소. 이전에 조나라가 견읍을 공격했을 때도 그대는 구해주지 않았고 위나라가 설릉(薛陵)을 빼앗았을 때에 그대는 알지도 못했소. 이는 그대가 나의 측근들에게 뇌물을 후하게 주어 자신의 영달을 구하려 했기 때문이 아니겠는가!"

하고는 아읍 대부를 큰 가마솥에 삶아 죽이는 형벌에 처하고 그동안 그를 칭찬했던 측근들도 그와 함께 삶아 죽였다. 그리고 나서 그는 조(趙)와 위(衛)를 공격하여 위나라를 탁택(濁澤)에서 쳐부수고 그 왕을 포위하자 위혜왕은 관읍(觀邑)을 바치며 화해를 청하게 되었고 이에 놀란 조나라는 빼앗았던 장성(長城, 견읍)을 돌려주었다.

이후 제나라는 그 위세를 천하에 떨쳤으며 사람들마다 감히 거짓을 부리거나 잘못을 저지르지 않았고 관리들은 성심성의껏 직무를 다하게 되자 제나라는 잘 다스려졌다. 그러자 제후들이 이 소식을 듣고는 그로부터 20여 년 동안 제를 상대로 감히 군대를 일으킬 생각을 하지 않았다 하니 참으로 현명한 군주가 아닌가?

.

"안방에 가면 시어머니 말이 옳고 부엌에 가면 며느리 말이 옳다."

왜 그럴까? 사람은 누구나 자신의 입장에서 바라보고 자신의 입장에서 생각하기 때문이다. 그런데 어느 한쪽 말만 듣고 다른 사람을 판단하고 정죄한다면? 참으로 어리석은 일이다. 특히 귀 얇은 윗사람이 이런 식으로 행동하면 여러 사람 피곤해지고 나중에는 본인만 바보 된다. 그래서 양쪽 말을 다 들어보아야 한다. 이런 점에서 제나라의 위왕은 참으로 현명하고 명군이란 말을 들을 만하다.

《사기》에서는 한정된 지면에 압축된 기술을 할 수밖에 없어 빠졌겠지만 분명 위왕은 두 사람을 불러다가 먼저 그들의 말을 들어보았을 것이다. 여기서 그가 더욱 돋보이는 점은 서로 상반된 주장을 할 때를 대비해서 미리 실정을 파악하게 했다는 점이다. 이는 신하를, 다른 사람을 불신하라는 말이 아니다. 아무리 믿는 신하라도 확인하라는 말이다.

독일 속담에 이런 말이 있다.
"믿는 것은 좋은 일이다. 하지만 확인하는 것은 더 좋은 일이다."
그래서 '독일사람' 하면 믿을 만하고 확실하다는 인상을 주는 것이다.

하나님이 왜 귀를 두 개 주었을까?

한쪽 말만 듣지 말고 양쪽 말을 다 들어보라고. 그래서 한쪽 말 믿기 전에 확인하고 검증해보라고 준 것이다. 확인되지도 확인하지도 않은 '~~카더라' 수준의 소문이나 악의적인 가짜 뉴스를 아무 생각 없이 SNS 상에서 퍼 나르는 사람들은 귀가 둘인 의미를 다시 한 번 생각해볼 문제다.

04

단소리를 듣는 귀,
쓴소리를 듣는 귀

당태종과 쓴소리

　당태종(唐太宗)으로 알려진 이세민(李世民)이란 사람은 당나라 2대 황제로서 23년간 재위하면서 당 왕조 300년의 기초를 다진 인물로 중국인들이 가장 존경하는 왕 중의 한 사람이다. 그가 지닌 명군으로서의 중요한 자질 하나는 그가 바른말 하는 신하를 옆에 많이 두고 그들의 충언(忠言)을 항상 경청했다는 점이다.

　이러한 입바른 신하들 중에서도 대표적 인물을 하나 들라면 두말할 필요 없이 위징(魏徵)이란 사람을 꼽는다. 당태종이 그를 얼마나 높이 평가하였는지는 그가 죽었을 때 태종이 슬퍼하며 한탄한 다음의 말에 잘 나타나 있다.

"동으로 거울을 만들면 의관을 바르게 할 수 있고
과거를 거울로 삼으면 흥망성쇠를 알 수 있으며
사람을 거울로 삼으면 이해득실을 알 수 있다.
짐은 늘 이 세 개의 거울을 가지고 나의 잘못을 고치고 예
방하였다. 지금 위징을 잃었으니 거울 하나가 없어지고
말았다."

하지만 이렇게 바른말하는 신하를 끔찍이 아낀 당태종도 사
람인지라 때로는 그런 말이 무지 듣기 싫었던 모양이다.
한번은 태종이 정말 화가 나서 멀건 대낮에 황후전에 씩씩
대며 들어와
"이놈의 시골영감탱이 내 죽여 버리고 말겠다."
라고 하자 놀란 황후가 왜 그러느냐고 물었다.
"위징이란 영감탱이, 나를 얼마나 우습게 알기에 어디 그 따
위로 조정에서 나를 모욕한단 말이오?!"

그러자 황후는 밖으로 나가 예복으로 갈아입고 와서 태종에
게 큰절을 올렸다. 황후의 갑작스런 행동에 태종이 영문을 몰
라 "아니 갑자기 큰절을 왜 하시오?" 라고 묻자

황후 왈 "천자(天子)가 명군이면 신하가 바른말을 한다고 들었습니다. 위징이 폐하에게 그렇게 거리낌 없이 직간할 수 있다는 것은 폐하가 그만큼 명군이시란 증거가 아니겠습니까? 이에 신첩이 어찌 축하의 절을 올리지 않을 수 있으리까?"

이 말을 들은 태종은 아주 흡족해하면서 위징에 대한 미운 감정이 금방 사라졌다 한다. (인용:《남자의 후반생》 푸른숲, 모리야 히로시)

그 남편에 그 아내다. 당태종이 명군으로서 두고두고 중국 사람들의 존경과 사랑을 받기까지에는 좋은 신하들뿐 아니라 이렇게 현명한 아내가 그의 옆에 있었던 것이다.

단소리의 쓴맛

그러던 위징이 죽었다. 위징이 죽자 그동안 위징의 그늘에 가려 있던 여러 신하들의 충성경쟁이 시작되고 위징의 쓴소리 난 자리를 단소리가 점점 메워간다.

단소리 감언(甘言), 그 중에서 가장 효험 있는 감언은 무얼까? 그것은 주군이 좋아할 만한 것을 꼬드기는 것이다. 당태종이 가장 하고 싶었던 것이 무엇이었을까? 그건 바로 고구려 정복이다. 이는 비단 당태종만의 문제가 아니라 어제나 오늘이나 중국의 모든 지도자들의 변함없는 염원이다.

한반도를 정복하여 중국대륙의 동쪽지도를 완성한 후 한반도란 날카로운 부리를 갖춘 거대한 중국새가 힘차게 날아올라 그 부리로 일본을 콕 찍어 삼키고 태평양을 가로질러 세계를 쟁패하는 일, 그리하여 중화(中華)의 꿈을 이루는 것. 이러한 그들의 야망을 우리는 한시도 잊어서는 안 된다.

그 염원을 제일 먼저 실현하고자 했던 나라가 수(隋)나라다. 한(漢)나라 이후 360여 년간 혼란의 시기를 겪던 중원 땅을 평정하고 통일제국을 건설한 수나라. 세계 전쟁사에서 그 유래가 없는 100만이란 어마어마한 병력으로 고구려를 침공하였다가 50~60만이나 되는 병사들이 사망하고 결국 나라가 망하고 말았다.

그런 수나라를 접수한 후 주변국들을 다 복종시키고 대당제국을 이룩한 당태종. 그런데 끝까지 머리 쳐들고 맞먹으려 드는 고구려. 그의 마지막 남은 과업은 고구려를 정복하는 것. 그래서 사무친 수나라의 원한을 갚고 제국의 꿈을 완성하는 것이었다.

하지만 그 야망 슬며시 드러냈다가 고구려를 함부로 건드렸다간 나라가 망한다며 석고대죄라도 할 듯한 위징의 강력한 반대에 부딪쳐 더 이상 입도 벙긋 못하던 당 태종. 그런 위징이 죽었다. 안 그래도 못 이룬 야망이 속에서 꿈틀거리는 마당에 그 야망을 부추기는 신하들의 소리는 초콜릿 같은 단맛으로 그의 귀에 녹아들었으리라.

　AD644년, 위징의 무덤에 채 풀도 안 마른 해에 당태종은
고구려 침공을 명하고 그다음 해인 645년에는 친히 대군을
이끌고 고구려 정벌에 나선다. 하지만 안시성주(安市城主) 양
만춘과 죽기로 각오하고 하나로 똘똘 뭉친 고구려의 군관민
(軍官民) 앞에서 대당제국의 위대한 황제 당태종마저 패장이
되어 퇴각을 하고 만다. 그 후 그는 전투에서 입은 부상의 후
유증과 쓰라린 마음의 병으로 시름시름 앓다가 4년 뒤인 649
년 51세의 꽃다운 나이로 사망하게 된다.
　전쟁이 끝난 후 그는 탄식했다.
　"만약 위징이 살아있었더라면 내가 이런 무모한 전쟁은 벌
이지 않았을 텐데."

명군과 우군의 차이

지금껏 우리는 AD600년대를 살았던 한 인물을 통하여 단소리와 쓴소리가 미치는 영향에 대해 살펴보았다. 세계의 역사를 살펴보면, 명군(名君)이나 성군(聖君)이란 칭송을 듣는 군주와 우군(愚君)이나 폭군(暴君)이란 말을 듣는 군주들 사이에는 동서고금을 막론하고 공통된 차이점이 하나 있다. 전자는 쓴소리를 귀담아 듣고 후자는 쓴소리에 귀막아 버린다는 점이다.

제2차 세계대전 후 프랑스에서 드골(1890~1970)이 대통령이 되자 그와 절친한 부자(富者) 친구 한 사람이 드골을 위해 제안을 했다. "대통령을 하려면 자신을 지지하는 언론이 하나쯤 있어야 하니 다른 사람을 내세워 신문사를 하나 만들어라, 설립비용은 내가 다 대겠다." 그리하여 그가 돈을 대고 신문사가 하나 설립되었다. 그런데 그 신문의 사설에 정부 및 드골을 비판하는 글이 계속 올라오는 것이 아닌가. 이에 화가 난 친구가 드골에게 따졌다. 내가 이런 신문 만들라고 돈을 댄게 아닌데 자네는 어떻게 저런 꼴을 가만히 보고만 있냐고. 그러자 드골이 시무룩한 표정으로 답했다. "그들이 저러는 것도 다 나 잘되라고 하는 일일 진대 거기다 대고 내가 뭐라 하겠는가?"

역시 대인(大人)이고 거물(巨物)이다.

그 반대의 예를 우리나라에서 한번 찾아보자. 멀리 갈 것도 없이 작금(昨今)의 현실, 우리 눈앞에서 벌어지고 있는 정치판을 한번 보자. 한 전직 대통령은 쓴소리에 귀를 막았다. 자신의 의견이나 정책에 반대하거나 비판하는 사람은 '참 나쁜 사람'이라는 이상한 낙인을 찍고 확실하게 찍어냈다. 그리고 자신과 코드가 맞는 사람들의 말에는 마치 최면에라도 걸린 듯 꼭두각시 인형같이 놀았다. 그러다가 국민들에 의해 확실하게 찍혀 나갔다.

그런 무능한 정권 때문에 무혈입성한 또 한 정권은 국정운영의 한 축으로서 협조를 구하고 협력해가야 할 반대편 사람들의 말에 아예 귓구멍 틀어막고는 사사건건 싸움판만 벌인다. 그런 한편으로는 여론조사 결과란 단소리에 취해 요롱소리 요란한 가운데 선무당 굿 하듯 지금껏 듣도 보도 못한 적폐청산이란 희한한 이름의 칼춤을 신들린 듯 추어댄다. 머지않아 그 칼끝이 제 목을 겨눌 줄도 모른 채.

1400여 년 전 절대왕권 시대에도, 70여 년 전 세계대전 직후의 혼란기에도 제대로 된 지도자들은 옳은 소리 쓴소리 들을 귀는 열어두었건만 민주국가라는 대한민국에서는, 그것도 21세기나 되는 시대에 귀머거리 우군들이 나랏님 자리에 앉아 왕조시대보다 더한 패권을 휘둘러대고 있으니 이 일을 어찌할꼬?

지나간 역사가 중요한 이유는 과거사에서 교훈을 얻고 앞길을 바로 가라는 거다. 그런데 바로 코앞에서 벌어진 일에서조차 교훈을 얻기는커녕 복수의 쾌감에 도취되어 완장이나 차고 설쳐댄다면 그런 정권이나 나라나 민족은 미래가 없다.

하나님이 왜 우리에게 귀를 두 개 주셨는지 가슴 시리도록 실감하는 요즈음이다.

003

'한' 입에 대한 성찰

들오는 것 절제 못해 내 몸 상하지 말라고
나가는 것 절제 못해 네 맘 상하지 말라고
드나는 것 절제 못해 함께 망하지 말라고
입은 하나만 주셨나 보다

01

모조리 절제하라

입이라는 것이 보면 볼수록 참 묘하다. 몸 밖으로 뚫려 있는 구멍 중에서는 제일 큰 구멍이긴 하지만 체표면 전체로 보면 그저 조그만 구멍에 불과하고 그나마 입을 다물고 있으면 있는지 없는지조차 모를 존재인데 하는 일을 보면 인체 장기 중 이렇게 많은, 중요한 일을 하는 장기는 없다. 먼저 그들이 하는 역할을 살펴보자.

먹기

음식물이 입으로 들어오면 우선 혀가 맛을 본 후 먹을 수 없는 것은 바로 뱉어내고 먹을 만한 것은 그냥 삼키든지 치아로 넘겨 씹기 시작한다. 치아가 맷돌 갈듯 음식을 분쇄할 때 혀는 침과 함께 음식을 골고루 굴리고 반죽하고 분배하고 다 씹은 놈은 목구멍으로 넘긴다.

말하기

목구멍 안에 있는 성대가 떨면서 주변의 공기를 진동시켜 소리라는 파동으로 만들어 입안으로 들여보내면 혀와 입술이 서로 절묘한 협동 작업으로 소리를 말로 바꾸어 입 밖으로 내보낸다.

키스하기

입술을 상대방의 입술이나 신체 다른 부위에 갖다대거나 입안에서 서로의 혀를 탐하며 타액(침)을 주고받는다.

이와 같은 행위를 한마디로 요약하면
먹는 것은 몸 밖의 것을 안으로 들이는 행위고
말하는 것은 몸 안의 것을 밖으로 내보내는 행위고
키스하는 것은 서로 주고받는 행위라 할 수 있다.

이런 행위를 통행로에 비교하자면

눈과 귀는 밖의 것을 안으로 들이기만 하는 일방통행로지만 입은 안과 밖을 연결하는 쌍방통행로인 셈이다.

이러한 행위의 궁극적 목표는
먹는 것은 에너지 공급을 통한 개체보전(個體保全)에 있고
말하는 것은 소통을 통한 관계보전(關係保全)에 있고
키스하는 것은 애정과 성적욕망의 표현을 통한 종족보전(種族保全)에 있다.

이와 같이 입은 인간에게 없어서는 안 될 너무나 중요한 역할을 세 가지나 한다. 그런데 하나님은 왜 입을 하나밖에 만들지 않았을까? 그에 대한 답은 명확하다. 입이 하나이듯 답도 하나다.
"입으로 하는 일은 모조리 절제(節制)하라."
이런 중요한 일들은 많이 하면 할수록 좋을 것 같은데 왜 절제하라 할까?
지금부터 그 이유에 대해 하나하나 따져보자.

02

소식 (小食)

과식하지 말아야 할 네 가지 이유

먹지 않으면 죽는다. 그래서 먹는다는 것은 절박한 것이다. 배고프면 도둑질도 하고 사람도 죽인다. 그래서 먹어야 한다. 그러다 보면 살기 위해 먹는지 먹기 위해 사는지 헷갈릴 정도다. 인생살이 고뇌의 바다에 비유되기도 할 만큼 즐거움보다는 괴로운 일이 많고 성공보다는 실패가 많다. 이런 삶을 살아가는 동안 무언가 즐길 게 있다는 것은 참으로 소중한 것이다. 이런 즐거움 중 가장 큰 것은 무엇일까? 그것은 먹는 것이다. 쾌감의 강도로 따지자면 섹스만한 것이 없지만 그것은 자주 누릴 수 있는 것이 아니다. 하지만 먹는 즐거움은 매일 누린다. 그것도 하루에 세 번이나. 그러면서 매일, 아무리 누려도 질리지 않는다. 이 얼마나 큰 축복인가? 그런데 왜 적게 먹어야 하나? 왜 필요 이상 먹지 말아야 할까? 많이 넘치도록 먹으면 어떤 일이 벌어질까?

과식은 만병의 근원

사람이 과식을 하면 비만이 오고 비만이 오면 당뇨병, 고혈압이 오고, 이 세 가지를 뿌리로 해서 자란 나무는 수많은 질병의 열매를 맺는다. 좀 많이 먹었을 뿐인데 뭐가 그리 안 좋단 말인가? 의사들이 괜히 겁주는 거 아닌가? 이런 의문에 대해 당뇨병 한 가지만으로 과식의 심각성에 대해서 살펴보자.

1970년대 우리나라 당뇨병 환자는 인구의 1.5% 정도였는데 2015년 현재 10.9%로서 40년 사이에 7배 이상 증가했고 지금은 당뇨병이 있는데도 모르고 있는 환자까지 합하면 전 국민의 20% 이상이 당뇨병 환자일 것으로 추정된다. 그러면 당뇨병 환자가 이렇게 기하급수적으로 증가한 이유가 무얼까? 원인은 여러 가지 있겠지만 뭐니 뭐니 해도 서구식 식습관을 포함한 과식이 주범이다.

과식을 하면 비만이 오는 것은 이해가 가는데 과식한다고 당뇨병에 잘 걸리는 이유는 무언가?

인체의 세포는 약 60조, 그들의 에너지원은 거의 100% 당분이다. 이는 인체라는 공장을 돌리기 위해서는 각 장기(臟器)의 기본 단위인 세포에서 쉴 새 없이 당분이라는 연료를 태워야 한다는 말이다.

그러므로 당분이 부족한 저혈당 상태가 되면 체내에서는 즉시 비상경보가 울리고 이 불을 끄기 위해 아드레날린(adrenalin), 코티솔(cortisol), 글루카곤(glucagon) 같은 호르몬이 10여 가지나 동원되어 사태를 수습한다.

이러한 비상사태는 당이 넘쳐나는 고혈당 때도 마찬가지다. 하지만 다 같은 비상사태임에도 불구하고 고혈당 때 동원되는 소방수는 췌장에서 분비되는 인슐린이란 호르몬 하나뿐이다. 이 말은 인체는 저혈당 상태는 잘 견디나 고혈당 상태에는 잘 적응하지 못하고 그 결과 당뇨병에 잘 걸린다는 말이다.

그러면 인간은 왜 고혈당 상태에 적응하지 못하는가?

그 이유는 지금껏 한번도 배불리 먹어본 적이 없기 때문이다. 이 무슨 뚱딴지같은 소리? 우리는 요즘 너무나 잘 먹고 있는데? 너무 많이 먹어서 다섯 명 중 한 명이 당뇨병 환잔데?

동물은 동족끼리 싸울 때는 서로 마주보고 싸운다. 하지만 사자도 사냥을 할 때는 자신보다 약한 먹잇감을 향해 정정당당히 앞에서 덤비는 것이 아니라 뒤로 살금살금 다가가 갑자기 뒤에서 덮친다. 그런 사자의 사냥 성공률은 과연 몇 퍼센트나 될까? 놀랍게도 20% 정도 된다. 다섯 번 공격해서 겨우 한 번 성공한다는 말이다. 게다가 먹잇감이 항상 눈앞에 있는 것도 아니고 넘쳐나는 것은 더더욱 아니다. 그래서 밀림의 왕자인 사자도 항상 굶주리고 산다.

원시시대 사람은 어땠을까? 연장을 쓰는 인간이라서 사자보다 사정이 나았을까?

몇 년 전, 브라질의 깊은 밀림지역에서 원시시대 생활을 이어가고 있는 한 부족을 취재한 TV다큐를 본 적이 있다. 그들은 먹을 것을 오로지 사냥과 열매채취에 의존하는 전형적인 수렵채취족이었는데 그 마을의 인구는 잠시 카메라에 잡힌 것만으로는 어린아이들까지 합쳐 이삼십 명 되는 것 같았고 청년은 몇 명 안 보였다.

어느 날 아침, 아주머니들은 밀림으로 열매 따러 가고 청년 하나가 집을 나서는데 맨발에 활 하나 들고 허리에 작은 칼 두 개 찼다. 그는 드넓은 들판을 쉬지 않고 달리다가 사냥감이 보이면 최선을 다해 사냥을 했다.

하루 종일 달려서 저녁 무렵에 마을로 돌아오는데 거리가 왕복 40km, 마을에서는 어린아이들과 노인네들이 허기진 배를 감춘 채 그가 돌아오기만을 기다렸다.

드디어 그가 돌아와 마을 사람들 앞에 내놓은 포획물은 토끼만한 짐승 두 마리에 비둘기만한 새 한 마린가 두 마리가 전부였다. 마을 사람들 전부가 나눠먹기에는 한 끼 식사로도 턱없이 부족했다. 어린아이와 노약자들 먼저 먹이고 나머지는 굶었다. 그 청년도 굶었다. 그리고 그는 다음날이면 또 사냥하러 갈 것이다.

그때 사냥감을 바라보던 어린아이들의 그 똘망똘망한 눈동자와 자신의 포획물을 던져놓고는 시무룩한 표정으로 한쪽 구석에 앉아 있던 그 청년의 표정이 아직도 눈에 선~하다. 그래도 그들은 지금껏 굶어 죽지 않고 생존해왔고 그날 밤 저혈당 쇼크로 쓰러진 사람은 아무도 없었다.

이것이 21세기 지구상의 한구석에서 일어나고 있는 현실이며 호모 사피엔스가 지구상에 나타나서 오늘날에 이르기까지 20만년 이상 처해온 현실이고 인간이 저혈당에 강하고 고혈당에 약한 이유이며 과식을 하면 수많은 병들이 주렁주렁 달리는 이유다.

'그동안 한번도 배불리 먹어본 적이 없기 때문에.'

인체저항력 약화의 원인 '비만'

하나님은 인간을 만드실 때 아주 기가 막힌 방어체계를 구축해 놓았다. 어지간한 병은 의사 없이 스스로 치유할 수 있게 설계해 놓은 것이다. 이런 시스템을 면역체계라 하고 이런 방어망 속에는 백혈구(WBC), 킬러세포(NK cell), 포식세포 (macrophage) 같은 강력한 인체방어군을 보유하고 있다.

이들은 24시간 핏속을 돌아다니며 경계를 서다가 몸 밖에서 들어온 박테리아나 바이러스 같은 적군이나, 암세포 같은 자생적 테러단을 발견하면 즉각 그들과 치열한 전투를 벌인다.

그런 전투병들이 식사시간에는 먹을 것 넘쳐나게 먹고 휴식시간에는 배 두드리며 자빠져 있다가 일과시간에는 핏속과 뱃속에 너저분하게 널브러져 있는 당과 지방 쓰레기 치운다고 힘 빼고 앉았다. 그러다가 예상치 못한 순간 강력한 적들과 마주치면 과연 얼마나 잘 싸울 수 있을까?

맹수도 배고플 때 더 사납고 그런 때 사냥감을 보면 죽을 둥 살 둥 달려든다. 인체 세포 역시 다를 바 없다. 어느 정도 배가 고파야 먹잇감을 보고 맹렬히 달려들 것 아닌가? 배불뚝이 킬러세포, 뒤뚱이 포식세포가 어디 이름값이나 제대로 하겠는가?

결과적으로 비만 환자들은 전반적으로 면역력이 약화되어 감기부터 시작해서 모든 질환에 대해 저항력이 떨어지고 산모가 비만이면 태아에도 영향을 미쳐 천식, 알레르기 등의 빈도가 증가한다.

천덕꾸러기 환자 '비만'

몸이 비만한 사람이 병원에 오면 어떤 문제가 생길까?

 # 장면1 : 대학병원

간호사가 검사의뢰서를 들고 와서 환자에 대해 보고를 한다. 환자는 40대 여성으로 유방암 수술 후 간에 전이(轉移) 유무를 보기 위해 의뢰되었다. 검사실 칸막이를 열고 들어가자 침대 위에는 몸집이 비대하고 배가 산만한 환자가 눈에 들어온다. 순간 나도 모르게 한숨이 나오면서 '아이고, 첫 환자부터 사람 잡네 사람 잡아' 라는 생각이 드는 것은 어인 연유일까?

초음파는 현대의학의 진단과 치료에 있어서 없어서는 안 될 중요한 장치로서 많은 장점을 갖는다. 하지만 큰 약점 중 하나는 음파의 진행과정에 반사체가 많을수록, 거리가 멀수록 파의 세기가 떨어져서 음파가 몸속 깊이 도달하기 힘들다는 점이다. 그러므로 몸통이 두꺼울수록 배가 많이 나올수록 진단의 정확도는 떨어지고 검사자는 애를 먹게 되는데 비만으로 배안에 기름기까지 잔뜩 끼어 있으면 검사자는 마치 짙은 안개 속을 항해하는 선장이 된 기분이다. 이런 연유로 비만 환자는 적어도 초음파실에서는 기피대상 1호가 되는 것이다.

장면2 : 노인요양병원

요양병원에는 대개 한 방에 대여섯 명 누워 있다. 나이는 주로 70~90대로서 60대는 젊은 축에 속하고 다들 고만고만한 치매(癡呆)기가 있다. 또한 못 걸어 다니는 사람, 혼자 못 일어나는 사람, 밥 제대로 못 떠먹는 사람, 대소변 못 가려 기저귀 차는 사람 등 일일이 사람 손이 가야 하는 사람들이 많은데 이들 중 누가 가장 천덕꾸러기일까? 그건 바로 몸집이 비대한 사람이다. 왜 그럴까?

간병인의 입장에서 생각해보자. 그들에게는 환자의 어떤 점이 중요하게 생각될까? 그것은 바로 간병하는데 누가 더 힘이 많이 드느냐다. 몸집이 작고 마른 사람과 몸집이 크고 뚱뚱한 사람이 있을 때 어떤 환자를 선호할까? 뚱뚱한 사람은 기저귀 갈려고 몸 한 번 돌려 눕히는 것도 힘들다. 휠체어에 한 번 태우려면 간병인 아줌마들 죽어난다. 여기다 목욕 한 번 시키려면 오죽이나 할까? 거기다 성질이 못됐거나 폭력적인 언사를 쓰는 치매 환자들은 기저귀 갈 때 남모르게 볼기짝 두들겨 맞고 남모르게 눈물 흘릴 각오해야 한다.

　이런 사람은 요양병원에서만 민폐 끼치는 것이 아니다. 요양병원에 들어오는 환자 중에는 이런 비만 때문에 병 수발 들던 가족들 진이 다 빠져 입원시키는 경우도 종종 있다.

　대책 없이 수명은 늘어나는데 아무리 자식이 많아도 늙어 기댈 곳은 없다. 자신의 두 발로 걸어 다닐 수 없어지는 순간 너 나 할 것 없이 요양병원행이고 거기서 10년 이상은 살다가 그 곳에서 하직인사 해야 할 터인데 집에서뿐 아니라 병원이라는 데 와서까지 이런 천덕꾸러기 대접받으면 오죽 서러울까? 그런데 누굴 원망하랴? 이 모든 것이 식탐을 주체하지 못해 젊어서 제 먹고 싶은 대로 닥치는 대로 아무거나 생각 없이 마음껏 먹은 대가인 것을. 아직 기회가 있을 때 절제하자.

비만이 끼치는 사회적 피해

과식과 비만의 심각성은 이것이 개인의 문제로 끝나지 않는다는 데 있다.

- 우선 남보다 많이 먹으니 식량을 많이 축낸다.
- 많이 먹으니 대소변의 양이 많아 오수 처리 비용이 증가한다.
- 몸이 비만하니 옷감이 많이 든다.
- 체표면적이 넓으니 샤워 시 물과 샴푸를, 샤워 후 로션을 더 많이 소비한다.
- 부피가 크니 앉으나 서나 누우나 공간점유율이 높아 택시, 지하철, 버스, 엘리베이터, 여러 명 자는 방 같은 곳에서는 남의 자리까지 뺏는다.
- 무게가 많이 나가니 차량 승차 시 기름소모가 증가한다.
- 여행이나 등산을 갈 때 빨리, 오래 걷지를 못하여 일행에게 민폐를 끼친다.

이 얼마나 고비용 비효율 민폐형 구조인가?

필자가 위에서 나열한 예가 하나의 우스갯소리로 들릴지 모르지만 다음의 내용을 보면 비만이 얼마나 심각한 문제인지 짐작할 수 있다.

2014년 WHO가 발표한 자료에 따르면, 세계적으로 비만으로 인해 발생하는 한 해 사회적 부담은 약 2조 달러로서 전세계 GDP의 2.8%에 이르는데 이는 기후변화로 발생하는 사회적 부담 1조 달러의 2배에 해당하고 흡연과 전쟁(각각 2.1조) 다음으로 큰 비용이라며 비만을 21세기 신종전염병으로 지목했다.

다음으로, 비만이 우리나라 의료보험재정에 미치는 영향에 대해 살펴보자.

국민건강보험공단 발표에 따르면, 2013년 비만 관련 진료비가 4조 4000억 원에 달해 흡연(2조 4000억 원)이나 음주(2조 4000억 원)에 비해 약 1.8배 더 많이 지출된 것으로 파악됐다. 또한 동 공단에서 2017년 발표한 재정수지 전망 자료를 보면, 2018년까지는 재정이 흑자이나 그 이후로는 당기 수지가 적자로 돌아서 2019년에는 약 1조 1898억 원의 적자를, 2020년에는 2조 8459억 원의 적자로 해가 갈수록 그 폭이 커질 것으로 전망했다.

마지막으로, 도덕적인 접근을 한번 해보자.

한 국제기구(Facing the Future, Think Quest, Hunger Relief Organization)가 2013년에 발표한 통계에 따르면, 이 지구상에는 기아선상(starvation)에 허덕이는 사람이 세계인 구의 33%를 차지하고 매 3.6초마다 한 명씩 굶어 죽고 매년 150만 명의 어린이가 굶어서 죽는다 한다. 이런 상황에서 부자나라 사람들은 병이 날만큼 배 터지도록 먹는다. 지구상의 식량과 자원은 한정되어 있다. 그 파이 하나를 가지고 70억 인구가 나누어 먹어야 한다. 그런데 내가 필요한 것 이상으로 먹으면 그만큼 다른 사람 먹을 것을 빼앗아 먹는 것이나 마찬가지다. 이게 과연 옳은 일일까? 다 같이 더불어 사는 세상에 대해 다시 한 번 생각하게 하는 문제다.

건강을 지키는 법

　이와 같이 과식과 그에 따른 비만은 우리의 상상을 뛰어넘는 많은 병폐를 가져온다. 이 모든 것의 출발점은 식탐(食貪)에서 시작되고 이것을 절제하지 않는 이상 우리의 건강은 물 건너간다. 이제 그 해결책에 대해 몇 가지 방법을 제시하고자 한다.

☺ '딱 한 숟가락만 더 먹고 싶다' 할 때 숟가락 놓아라

　부끄러운 얘기지만 필자 역시 오랫동안 식탐에 매여 있었다. 하루 세 끼는 꼭 채워야 했고 한 끼라도 안 먹으면 다음

끼로 끝나는 것이 아니라 못 먹은 한 끼만큼 어떤 형태라도 하루 안에 보충해야 했다. 또한 맛있는 것 있으면 배불리 먹어야 했다. 사람들은 내가 배고프면 난폭해지는 경향이 있으니 나부터 빨리 먹여야 한다 했다. 아내는 종종 이렇게 말하곤 했다. "당신 같이 인내심 강한 사람이 배고픈 건 왜 그래 못 참아요? 먹는 것 앞에 오면 영 딴사람 같아."

이런 말을 듣던 내가 그 강력한 식욕과 식탐을 하루아침에 포기한다는 것은 참으로 쉽지 않았다. 그래서 위의 방법부터 먼저 실천했다. 처음엔 이것도 쉽지 않았다. 하지만 성공했다. 과식 방지법 중 이것이 그나마 가장 손쉬운 방법이고 이것만 되면 다음 것은 쉽다.

☻ 천천히 먹고 꼭꼭 씹어 먹으라

"좀 천천히 잡수소! 누가 잡으러 오요? 아이고 당신하고 보조 맞춰 밥 먹을라카믄 숨이 찬다 숨이 차."
아내로부터 자주 듣던 말이다.

밥 빨리 먹는 사람치고 과식하지 않는 사람 없고 배 안 나온 사람 잘 없다. 또한 밥을 빨리 먹으니 잘 씹지 않고 넘긴다. 잘 씹지 않고 넘기면 어떤 문제가 생길까?

음식을 씹을 때마다 밥을 먹고 있다는 신호가 턱관절로부터 뇌에 전달된다. 그 씹는 횟수가 적으면 삼킨 음식 양과 상관없이 뇌는 덜 먹었다고 생각한다. 그래서 과식한다. 반면, 오래도록 많이 씹으면 위로 넘어가는 양은 적어도 뇌는 많이 먹었다 생각하고 포만감을 느끼게 된다. 그래서 과식하지 않고도 배가 부르다.

한 숟가락 입에 넣고 100번쯤 씹어보자. 그러면 어금니라는 맷돌은 들어온 음식 확실하게 갈아주고 여기에 씹을 때마다 침샘에서 졸졸 분비된 소화효소가 골고루 섞여 걸쭉한 죽처럼 된다. 이런 죽을 위로 넘기면 위는 또 얼마나 편하겠나! 어디 그뿐인가? 천천히 오래 씹으면 치매 예방에도 도움이 된다 하니 이야말로 일석삼조라 할 수 있다.

☺ 외식의 빈도를 줄여라

이제 먹는 것에 대해서는 어느 정도 절제의 경지에 들어간 필자도 외식만 했다 하면 바지 허리춤에 배가 끼어 거북할 정도로 먹게 된다. 왜 그럴까? 식당에서 주는 일인분이라는 것이 내 한 끼 식사량보다 항상 많지만 평소 집에서 잘 먹지 못하는 음식을 오랜만에 맛본다는 기대감에다 감칠 맛 도는 인공감미료가 혓바닥의 혼을 빼놓고 내가 살 때는 돈이 아까워서 남이 살 때는 실례가 될까 봐 차려진 음식 남기지 못하고 끝까지 다 먹게 되기 때문이다.

그러니 아이들이야 오죽하랴?

대한비만학회에 따르면(2015년), 가족과 함께 저녁식사를 하지 않는 아동의 비만율이 22.4%인 반면 가족과 함께 저녁을 먹는 아동의 비만율은 5.1%로서 4배나 차이가 났다. 이것이 외식의 힘이요 외식의 폐해다.

☻ 디저트, 야식 먹지 마라

언제부터인가 디저트 카페 열풍이 불더니 이제 삼천리 방방 곡곡에 똬리를 틀고 앉아서는 또 하나의 못된 서양식 먹거리가 우리 후손들의 건강과 호주머니를 위협한다. 전에는 점심 먹고 차 한 잔이면 되었는데 이제는 밥 먹고 나서 커피에 디저트용 케이크 한 조각 안 먹으면 완전 촌놈 취급 당하는 세상이 되었다. 참말로 대단한 나라다.

이런 신종문화에 대해 다른 건 놓아두고 건강적인 측면을 생각해보자.

밥 먹자마자 디저트랍시고 과일 몇 쪽 먹어도 당이 올라간다. 식사 시에 들어온 탄수화물이 만들어내는 당에다 당분덩어리인 과일을 바로 합하면 서로 상승작용을 일으켜 당의 수치를 더 올리는 것이다. 그래서 과일은 공복에 먹어야 한다. 헌데 밥 먹자마자 달달한 케이크나 쿠키를 먹으면 과일 먹을 때보다 당이 더 올라가고 남는 열량을 처리 못해 뱃살로 저장되는 것 또한 자연스런 이치다.

밤늦도록 텔레비전을 보거나 게임하다가 출출하다고 라면 끓여먹고 자면 이것 역시 고스란히 기름덩어리로 변해서 배 안에 차곡차곡 쌓아놓으니 식사 후 특히 저녁식사 후에는 일절 먹지 않는 것이 좋다.

☺ 많이 움직여라

필자가 근무하는 기관의 설립자께서는 과거 이사장 재직시절 교수회의 때 할 말이 떨어지면 약방의 감초처럼 '소식다동(小食多動)'을 외쳤다. 당시에는 같은 소리 하도 많이 듣다 보니 "아이고~ 영감님 또 흘러간 레퍼토리 틀고 계시네" 하고 귓잔등으로 들었는데 내가 그 나이 되어보니 이 한마디가 건강을 지키는 첫걸음이자 마지막 종착역이라는 생각이 든다.

"적게 먹고 많이 움직여라!"

움직여야 심장이 뛰고 폐가 벌렁거리고 피가 돌고 관절이 살고 근육이 산다. 밥 먹고 나면 무조건 걸어라.

"누우면 죽고 걸으면 산다"는 말이 딱 정답이다.

노인요양병원에 왜 오나? 못 걸어서 온다.

왜 못 걷나? 안 걸어서 못 걷는다.

왜 안 걷나? 대부분 게을러서다.

하나님은 모든 생물에게 기가 막힌 자가방어시스템을 주었다. 동물 중 왕은 있어도 의사는 없다. 병에 걸렸다고 하나님 부처님 원망할 것 없다. 대부분의 질병은 잘못된 생활습관에서 온다. 욕망을 절제하지 못해서 오고 게을러서 오고 그저 편하고 싶어 하다 온다. 적당히 적게 먹고 부지런히 움직이는 자에게는 숙면의 축복까지 주어진다.

하나님이 우리에게 왜 입 하나에 발 두 개를 주셨는지 알만하다.

03

소언 (小言)

말 많음의 폐해

　사람이 동물과 다른 점 중 가장 중요한 하나는 말을 할 줄
안다는 것이다. 사람은 '소리' 아닌 '말'을 통해서 동물과는 차
원이 다른 의사소통을 하게 되었다. 이 얼마나 소중한 도구이
자 축복인가! 그런데 하나님은 말할 입을 따로 주지 않고 밥
먹는 입으로 키스하는 입으로 같이 쓰라고 하나만 주셨다. 왜
그랬을까? 그것은 바로 이것 역시 절제하고 아끼라고 그런 것
아니겠는가? 그런데 사람들은 머리가 커지면서 너무 말이 많
아졌고 그 결과 소통이 더 잘되기보다는 서로 간에 상처만 키
우고 있다. 말이 많으면 왜 소통보다는 상처가 커질까? 말이
많으면 어떤 부작용이 올까? 그 폐해에 대해 살펴보자.

- 진기(盡氣): 입을 많이 열면 기(氣)가 소진된다.

말을 하려면 폐를 움직여야 하고 성대를 움직여야 하고 혀와 입을 움직여야 하고 그와 관련된 근육들을 움직여야 하고 쉴 새 없이 머리를 굴려야 하니 소중한 에너지를 낭비한다.

- 현본색(現本色): 자신의 본색을 드러낸다.

입 닫고 있으면 중간이라도 가는데 괜히 유식한 체 떠들어대다 짧은 밑천 다 드러난다. 살다 보면 자신의 본심을 감추어야 할 때도 있는 법인데 말이 많다 보면 자신도 모르게 본색을 드러낸다.

- 필실수(必失手): 말 많은 사람치고 실수하지 않는 사람 없다.

- 폐이(閉耳): 입을 여는 동안 귀는 닫힌다.

내가 말을 하는 동안에는 남의 말을 들을 수 없다. 내 입이 내 귀를 막는 꼴이다. 하나님은 남의 말을 잘 들으라고 귀를 둘씩이나 주셨는데 내 입이 그 귀를 막고 있으니 얼마나 어리석은 일인가.

　• 폐타구(閉他口) : 내가 입을 열면 남의 입을 막는다.

모임에 가서 혼자 떠들며 남이 말할 기회를 뺏는 사람만큼 밉상이 또 있을까? 몇십 년 만에 동창회에 나갔다가 점점 발길이 멀어지는 가장 큰 이유 중에 하나다.

　• 상심(傷心) : 남의 마음에 상처를 낸다.

문명사회에 살면서 가장 자주 가장 심하게 상처 받는 것이 바로 말을 통해서다. 주먹으로 맞은 상처, 칼에 찔린 상처는 며칠, 몇 주면 아물지만 말에 의한 상처는 평생을 가도 아물지 않는다.

그래도 사람 앞에 대놓고 떠들어내는 것은 용기라도 있다. 요즘은 얼굴 없는 인터넷, SNS를 통해 닉네임 뒤에 숨어서 참으로 비열하게 그리고 잔인하게 타인의 인격을 살해한다. 그리고는 아무 죄의식도 없다.

죄 중에 가장 무서운 죄는 죄를 죄인지 모르고 짓는 죄다. 죄인지 알고 짓는 죄는 회개하고 죄사함 받을 기회라도 남아 있지만 모르고 짓는 죄는 그런 희망마저 없기 때문이다. 이 죄를 다 어찌하려나?

• 살인(殺人) : 말은 인격을 살해하고 생명을 앗아간다.

말의 비수가 급소를 찌르면 상심을 넘어서 살인까지 나아간다. 말 많은 한 전직대통령의 경박한 입술 때문에 두 사람이 자살했다.

• 살아(殺我) : 말은 남만 죽이는 게 아니라 자신도 죽인다.

우주에는 수많은 우주쓰레기가 떠다닌다. 그 속에는 눈에 보이지 않는 말의 쓰레기가 더 많이 떠다닐 것이다. 소리는 사라져도 말은 사라지지 않는다. 사람의 말에는 기(氣)와 혼(魂)이 실려 있어 한 번 뱉은 말은 결코 사라지지 않는다. 내 입에서 달려 나간 독화살 같은 말 한마디는 금방 상대방의 귀를 울린 후 가슴 판에 새겨지고 입을 통해 파발마처럼 달리며 온 세상을 돌고 돌다 언젠가는 자신을 향해 날아온다.

불경에는 "모든 화는 입으로부터 나온다" 하였고 성경말씀에는 "입을 지키는 자는 그 생명을 보전하나 입술을 크게 벌리는 자에게는 멸망이 오느니라"라 하였다. 화근(禍根), 그렇다! 세상만사 화의 근원은 입이라는 사실을 명심하고 입을 잘 지키자. 그리하여 나도 지키고 남도 지키자.

04

절색 (節色)

키스의 의미

입의 역할 중 마지막은 키스하는 것이다.

그런데 하나님은 불편하게도 말 하는 입으로 밥 먹는 입으로 키스하게 만들었다. 왜 그랬을까? 그것은 바로 성적욕망을 자제하고 절제하라는 의미가 아닐까? 입으로 직접 섹스를 하는 것도 아닌데 웬 과대포장이냐? 라는 의문을 가지는 사람들을 위해 먼저 키스의 의미에 대해 살펴보자.

키스는 아무나 하나?

키스란 부위가 어디가 되었든 자신의 입술을 타인의 몸에 갖다대는 행위를 말하고 그 방법이나 의미는 문화권에 따라 다양하게 나타난다. 이 지구상에 존재하는 동물은 약 9백만 종(species)인데 이 중 키스를 하는 동물은 침팬지를 포함하여 10종 남짓하고 그 키스라는 것도 서로 입만 갖다대는 정도로 서 우정이나 화해의 의미를 가진다. 그러니 로맨틱한 애정이 나 사랑의 표현 방법으로서의 키스는 인간만이 할 수 있는 행 위라 할 수 있다.

　하지만 인간이라 해서 다 키스를 할 줄 아는 것도 아니다. 최근의 연구에 의하면 키스를 할 줄 아는 종족은 전 인류의 반 밖에 안 된다 하니 놀라운 일이다. 하기야 21세기 10대 강 대국에 사는 우리네 사람들도 키스 하나에 30가지가 넘는 이 름을 붙여가며 법석을 떠는 서양 사람들에 비하면 키스에 관 한 한 거의 문외한 수준인데 아프리카 중남미 등 아직 문명화 가 덜 된 종족들이야 오죽하랴?

키스는 아무데나 하나?

　입술을 상대방의 인체에 갖다대는 행위는 인사, 감사, 우정,

존경, 정열, 화평, 행운의 기원 같은 여러 가지 감정을 표시하는데 상대방의 입술에 하는 키스는 거의 대부분 애정이나 성적 흥분, 성적 끌림, 성적 행위로서의 의미를 가진다.

키스는 아무하고나 하나?

이러한 키스가 강렬한 애정의 표시나 성적 흥분을 참지 못하여 성적 행위로서 나타날 때는 단순히 입술을 갖다대는 것으로 끝나지 않고 서로의 입술을 교환하고 혀를 교환하고 타액(침)을 교환한다. 이때 황홀경에 도취되어 다정하게 주고받는 침 속에는 약 8천만 마리의 박테리아가 들어 있는데 이들중에는 몸에 해로운 것들도 상당수 포함되어 있다. 여기에 상대방이 결핵, 간염, 에이즈 같은 전염병 환자이거나 입 속에 염증이 있을 시에는 숱한 병균(박테리아)과 바이러스들을 그대로 받아들이게 되고 특히 자신의 입 안에 상처가 있을 시에는 키스가 자칫 치명적인 행위가 될 수 있다.

침을 교환하는 정도의 키스를 한다는 것은 상대방이 내민 잔이 비록 독배(毒盃)라 할지라도 기꺼이 받아 마실 용의가 있다는 의미인지라 결코 아무에게나 할 수 없고 자신의 마음을 다 준 사람에게나 가능한 일이다. 이는 성(性)을 상품으로 제공하는 여성들이 섹스는 아무하고나 해도 키스는 아무에게나 함부로 허락하지 않는 점을 보아도 잘 알 수 있다.

키스와 섹스의 상관관계

그러므로 입술을 허락한다는 것은 마음 문을 연 것이고 이는 바로 섹스로의 관문(gateway)을 활짝 여는 것과 마찬가지 의미다. 그 결과 감수성이 예민한 여성의 경우 때로는 섹스 자체보다 다음에 올 절정에 대한 기대감과 상상력을 한껏 가미한 키스에서 더 큰 흥분과 쾌감을 느낄 수 있고 이러한 연유로 여성의 입술은 의상 밖으로 드러난 인체 부위 중 가장 강렬한 섹스 심벌로 통하는 것이다.

결과적으로 입을 섞는다는 것은 몸을 섞는 것이나 큰 차이가 없어 배우자가 아닌 사람과 키스를 한다는 것은 성적욕망을 주체하지 못해 해서는 안 될 성행위를 한 것이나 다름없는 것이다.

치명적 유혹

   한 늙은 신부님이 수녀원에 들러 나이 든 원장수녀와 앳되고 아리따운 젊은 수녀를 대동하고 산 속에 있는 수도원을 찾아가게 되었다. 그들은 택시를 하나 불러 젊은 수녀, 신부, 원장수녀 순으로 뒷자리에 탔다. 유럽의 작은 택시 뒷자리에 덩치 큰 서양사람 셋이 앉으니 서로 엉덩이와 허벅지가 닿았다.

   택시가 출발하고 차는 서서히 꼬불꼬불한 산길을 올라가는데 커브를 크게 틀 때마다 하체뿐 아니라 가슴까지 심하게 밀착되었다.

   이런 상황을 누구보다 잘 아는 택시기사는 이럴 경우 신부님은 어떤 마음이며 어떻게 하고 있을까 하는 호기심에 실내 백미러로 뒷자리를 엿보았다.

그랬더니 두 눈을 꼭 감고 두 손을 꼭 잡은 채 기도에 열중한 신부의 모습이 들어왔고 나지막한 기도소리가 들려왔다.

기사는 속으로 '역시 신부님은 달라' 하면서 존경의 마음이 들었다.

신부님은 계속 기도를 하고 있었다.

심심하던 기사가 이번에는 기도소리에 귀를 쫑긋거리고 들어보았다.

기도는 두 가지 내용이 반복되고 있었다.

다시 호기심이 발동한 기사가 백미러를 보며 기도를 들어보았다. 거기서 그는 일정한 패턴이 있음을 알게 되었다.

차가 오른쪽으로 기울 때의 기도는
"주여, 시험에 들지 않게 하옵소서!"

차가 왼쪽으로 기울 때의 기도는
"주여, 주의 뜻대로 하옵소서!"

위의 이야기는 유럽판 유머의 한 내용이다. 웃자고 지어낸

이야기일 뿐이다. 하지만 이 이야기는 인간의 성적 본능에 대해 은근슬쩍 잘 표현하고 있다. 이 유혹 앞에선 성직자도 예외가 될 수 없다는.

그동안 살아오면서 언론에서 그리고 바로 내 주변에서 부적절한 남녀관계로 사람들의 입방아에 오르내리고 하루아침에 치욕의 나락으로 떨어지는 모습을 심심찮게 보아왔다. 거기다 요즘은 미투(me too) 바람으로 사회 각 분야의 유명인사들이 추풍낙엽처럼 떨어져 인간쓰레기가 되어 처참하게 나뒹굴고 있다.

왜 그랬을까? 배울 만큼 배웠고 노력할 만큼 노력했고 올라갈 만큼 올라간 사람들인데 어쩌다 하루아침에 그동안 쌓아온 공든 탑이 저렇게 허무하게 무너져 내렸을까?

그 이유는 인간의 근본적인 탐욕인 식욕, 재물욕, 명예욕, 수면욕, 색욕 중 가장 달콤하고 치명적인 그래서 이성을 마비시킬 만큼 독성이 강한 색욕을 절제하지 못했기 때문이다.

입으로 들어오는 것을 절제하지 못하면 자기 몸을 저격하고 입에서 나가는 것을 절제하지 못하면 상대를 저격하지만 입 섞는 것을 절제하지 못하면 자신과 상대에게 폭탄이 터진다. 당사자뿐 아니라 주변 가족들까지 쑥대밭으로 만드는 것이다.

그래서 하나님이 입을 하나만 주신 모양이다. 밥 먹는 입으로 키스하는 불편을 통해 함부로 입 섞지 말라고. 입 섞기 전 이빨 닦으면서 한 번 더 생각하라고.

05

절제의 미학

감옥에 갇힌 혀

혀와 입의 구조를 보면 참으로 오묘하다.

혀를 둘러싸고 있는 것은 온통 뼈뿐이다. 입의 앞쪽과 양 옆은 아래턱뼈와 위턱뼈가 둘러싸고 있고 입천장은 위턱뼈가 막고 있고 뒤쪽은 척추 뼈가 단단히 버티고 있다.

어디 그뿐인가? 하나님은 그것만으로는 불안했던지 앞쪽과 양 옆을 빙 둘러가면서 뼈 중의 뼈, 뼈 중에 가장 단단한 스물여덟 개나 되는 이빨로 한 치의 빈틈도 없이 촘촘한 펜스를 둘러쳐 놓았다. 입 다물고 있으면 바늘 하나 들어갈 틈이 없다. 이는 마치 혀가 입이라는 철옹성 감옥에 갇힌 꼴이다. 하지만 감옥이 가장 안전한 장소이듯이 다른 한편으로는 그만큼 잘 보호받고 있다는 의미도 된다.

인체에는 혀 말고도 중요한 장기가 많다.

그런데 눈은 밖으로 돌출되어 있음에도 불구하고 보호 장구라고는 얇디얇은 눈꺼풀 하나밖에 없고, 귀는 아예 뻥 뚫려 있어 귓구멍으로 조그만 벌레 한 마리만 들어와도 난리가 나고, 생명과 직결된 폐와 심장도 신통찮은 갈비뼈가 엉성한 새장처럼 둘러싸고 있어 외상에 취약하기 짝이 없는데. 의사 생활 40년에 외상으로 혀가 잘려 응급실로 실려 왔다는 말을 아직은 들어본 적 없다. 키스하다 잘린 것 외에는.

인체의 장기 중 이렇게 철저하게 보호받는 장기가 또 있을까? '뇌' 말고는 없다. 왜 그랬을까? 도대체 혀가 뭐라고, 뭐 그리 대단해서 이렇게 철저히 보호 내지는 감금을 해야 했을까?

혀의 정체와 하나님의 의도

혀란 어떤 존재일까?

혀는 여러 개의 근육으로 이루어진 근육 뭉치로서 근육 중 가장 부드러운 근육임과 동시에 가장 별난 근육이다. 인체 내 거의 모든 근육은 뼈에 붙어 뼈와 뼈를 연결하고 관절을 형성하며 수축과 이완만 하는데 반해 혀는 세 치 밖에 안 되는 그 조그만 크기에 여덟 개나 되는 근육이 있고 그 중 네 개로 구성된 내재근(內在筋)은 뼈에는 붙지 않고 지네들끼리 붙어가지고서 네 개의 외재근(外在筋)과 함께 자유자재로 움직인다.

혀는 앞으로, 옆으로, 위로, 아래로, 사방팔방으로 움직일 뿐 아니라 혀 자체를 편평하게도 하고, 뒤로 말기도 하고, 뒤

집기도 하고, 깔때기처럼 옆으로 접기도 하고 입 밖으로 내밀기도 하면서 별의별 묘기를 다 부린다. 이런 근육 아무데도 없다. 그러니 별나다 할 수밖에.

하지만 보다 중요한 것은 기능적 측면으로서 다른 모든 근육은 한 가지 일만 하는데(주로 관절을 움직이거나 힘쓰는 일) 혀는 인간이 생존하고 사람답게 살아가는데 필수적인 세 가지 일을 동시에 하니 가장 부드럽고 나긋나긋하고 연약한 존재인 동시에 가장 강력한 파워를 가진 장기이다. 또한 이 혀를 잘못 다루면 자신 뿐 아니라 다른 사람에게도 엄청난 재앙을 가져오니 가장 유용한 장기인 동시에 가장 위험한 장기이기도 하다.

그래서 하나님은 이를 보호함과 동시에 단단히 감금해야 했나 보다. 그래서 철옹성 같은 입 안에 집어넣어서 입만 벌리지 않으면 있는지 없는지조차 모를 정도로 고이 보관해 놓은 모양이다.

성경에 '성령(聖靈)의 열매'라는 말이 나온다.

이것은 하나님의 영이 임재한 사람, 즉 진정한 신앙인으로 거듭난 사람에게 나타나는 선한 증거들에 대해 기술한 것인데 그 내용은 다음과 같다.

사랑(love), 기쁨(joy), 화평(peace), 오래 참음(patience), 자비(kindness), 양선(goodness), 충성(faithfulness), 온유(gentleness), 그리고 절제(self-control).

사랑으로 시작해서 절제로 마침표를 찍었다. 왜 그랬을까? '사랑이 없으면 아무것도 아니다. 모든 영적 가치는 사랑이 빠지면 아무것도 아니다. 그리고 그 모든 가치는 절제로 완성된다. 이 경지에 다다를 때 비로소 하나님의 성품을 닮은 신앙인으로 완성되기 때문이다' 라는 의미가 아닐까?

얼굴의 마지막 완성인 입이 전하는 메시지가 성령의 마지막 열매로 통한다는 사실에 기묘한 창조의 섭리를 다시 한 번 깨닫는다.

눈귀입 위치에 대한 해석

두 눈이 높다 하되 이마 아래 호수로다
산 허리에 걸친 두 귀 견우 직녀 따로 없고
낮은 곳에 처한 한 입 중간에서 중심 잡네

눈은 왜 제일 위에 두었을까?

눈, 귀, 코, 입 중 눈을 제일 위에 둔 것은 세상을 널리 보라고, 멀리 보라고, 높이 보라고, 그래서 많은 것을 배우고 생각하라고 그렇게 둔 것이다. 하지만 그 높은 눈도 이마 아래에 둔 것은 내 눈 위에 내가 볼 수 없는 세상이 또 있다고, 눈에 보이는 하늘보다 더 높은 세상이 있다고, 그 세상을 동경하고 경외하라고, 그리고 교만하지 말라고 그리 한 것이다.

귀는 왜 중간에 두었을까?

그리고 두 눈은 가까이 붙어 있는데 두 귀는 왜 가장 먼 곳에 서로 띄워 놓았을까?

왼쪽에 선 사람 말도 듣고, 오른쪽에 선 사람 말도 듣고, 위에 있는 사람 말도 듣고, 아래에 있는 사람 말도 듣고, 중간에서 균형을 잘 잡으라고 그리 한 것이다.

　입은 왜 맨 아래, 맨 중간에 두었을까?
　눈과 귀는 각자 자신의 기능을 최대한 발휘하라고 눈은 제일 높이, 귀는 중간에 두었지만 입으로 하는 일은 무엇이든 절제하며 겸손한 마음으로 낮은 곳에 임하라고 제일 아래에 둔 것이다. 그리고 높은 눈, 균형 잡힌 귀, 절제된 입을 통하여 중심을 잘 잡으라고 맨 중간에 둔 것이다.

첫 책을 내며

이제 얼굴을 왜 이 모양으로 만들었는지 그 큰 뜻이 어느 정도 이해가 간다. 한평생 살면서 우리 눈으로 보는 것 중 가장 많이 보는 사람 얼굴을 통해서 매일매일 무언가 깨달으며 살아가라고. 멀리 찾을 필요 없이 나와 가장 가까이 있는 사람이 내게는 가장 큰 스승이라고. 그래서 항상 배우는 마음으로 감사한 마음으로 그 얼굴 바라보라고 그런 것이다.

또한 제4차 산업혁명시대에 들어와 "나는 누구인가(Who am I)?" 라는 질문보다 "인간은 무엇인가(What is human)?" 란 질문을 먼저 던져야 할 만큼 인간의 정체성마저 흔들리는 혼돈의 시대에 시대정신이나 철학은 간곳없고 오로지 물질만

능주의만이 판을 치고 좌우, 위아래가 무슨 불구대천의 원수나 되는 양 극한의 대립을 보이며 분노로 가득찬 이 땅에서 살아가는 우리들에게 인간이 어떤 존재인지, 어떻게 살아야 하는지, 내 이웃을 어떤 눈으로 바라보고 어떤 태도로 대해야 하는지에 대해 이 얼굴을 통해서 다시 한 번 생각해보라고 속삭이고 있는 것이다.

두려운 마음이 든다.

영성(靈性)도 지성(知性)도 감성(感性)도 어느 것 하나 내세울 것이 없는 부족한 미물이 감히 하나님의 뜻을 헤아린답시고 이런 미숙한 풀이를 했다가 행여나 하나님을 욕되게 하지나 않았을 런지, 나중에 당신 앞에 섰을 때 무슨 꾸지람을 어떻게 들을 런지.

부끄럽다.

본인이 깨달은 바를 그대로 다 실천해오지도, 아직 다 실천하지도 못하면서 무슨 도(道) 통한 사람인 양 남들 앞에 글로 써 드러낸다는 것이.

아쉽다.

인생의 제1막을 한 권의 저서로 마감하겠다는, 곧 있을 퇴임식에 온 하객들에게 필자가 쓴 책 한 권을 선물하겠다는 작은 소망 하나 때문에 설익은 글을 서둘러 세상에 내놓게 돼서.

하지만 이런 아쉬움과 부끄러움과 두려움에도 불구하고 글을 쓰고 다른 사람에게까지 보이고자 하는 용기를 내는 것은 우선 나 자신에게 많은 유익이 되었기 때문이다. 글을 쓰면서 내가 어떤 사람인지 다시 한 번 자신을 돌아볼 수 있었고 마음의 소리를 들을 수 있었고 반성할 수 있었다. 그리고 우리 모두 불완전한 존재, 미완성의 인생임을 인정해줄 줄 믿기 때문이다.

비록 나는 모든 것 다 실천하지는 못하더라도 내가 얻은 조그마한 깨달음이 민들레 홀씨처럼 널리 널리 퍼져나가 다른 이의 좋은 마음 밭에서 아름답게 꽃피우길 바라는 마음에서, 용기를 내고 또 내어본다.